Pluspunkt Deutsch

1b

Kursbuch

Pluspunkt Deutsch 1b
Kursbuch
Der Integrationskurs
Deutsch als Zweitsprache

Im Auftrag des Verlages erarbeitet von
Georg Krüger und Matthias Merkelbach

Phonetikübungen: Dr. Friederike Jin

In Zusammenarbeit mit der Redaktion:
Andrea Finster und Dagmar Garve (verantwortliche Redakteurinnen),
Dr. Gunther Weimann (Projektleitung)

Beratende Mitwirkung: Dr. Friederike Jin (Goethe-Institut, Frankfurt),
Andreas Klepp (VHS Braunschweig),
Ulrich Linberg (Caritasverband Neuss e.V.),
Dr. Joachim Schote (VHS Freiburg),
Birgit Wolandt-Pfeiffer (Caritasverband Neuss e.V.)

Illustrationen: Laurent Lalo
Umschlaggestaltung und Layoutkonzept: Katrin Nehm
Layout und Technische Umsetzung: Satzinform, Berlin
Umschlagfotos: Reichstagskuppel in Berlin,
© Presse- und Informationsamt des Landes Berlin / W. Gerling
Personenfotos © Thomas Schulz

Weitere Kursmaterialien:
Arbeitsbuch 1b (209300)
Audio-CD 1b (209253)
Handreichungen für den Unterricht 1 (209245)

 http://www.cornelsen.de

1. Auflage   Druck 4 3 2 1   Jahr 06 05 04 03

Alle Drucke dieser Auflage sind inhaltlich unverändert
und können im Unterricht nebeneinander verwendet werden.

© 2003 Cornelsen Verlag, Berlin

Das Werk und seine Teile sind urheberrechtlich geschützt.
Jede Verwertung in anderen als den gesetzlich zugelassenen Fällen
bedarf deshalb der vorherigen schriftlichen Einwilligung des Verlages.

Druck: CS-Druck CornelsenStürtz, Berlin

ISBN 3-464-20928-8

Bestellnummer 209288

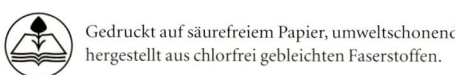 Gedruckt auf säurefreiem Papier, umweltschonend
hergestellt aus chlorfrei gebleichten Faserstoffen.

Pluspunkt Deutsch auf einen Blick

Pluspunkt Deutsch 1b ist der zweite Teilband des 2-bändigen Deutschlehrwerks, das speziell auf die Bedürfnisse und Erwartungen von Zugewanderten in Integrationskursen zugeschnitten ist. Die Teilbände **Pluspunkt Deutsch 1a** und **1b** führen zur Niveaustufe A1 des Gemeinsamen Europäischen Referenzrahmens.

Das **Kursbuch Pluspunkt Deutsch 1b** enthält sechs Lektionen, zwei fakultative Abschnitte *Pluspunkt Extra* sowie einen Anhang.

Der Lernstoff der *Lektionen* ist unterteilt in thematische Blöcke. Diese enthalten abwechslungsreiche Texte, Dialoge und Übungen sowie Infokästen mit Übersichten über die eingeführte Grammatik und Lerntipps. In den Lektionen stehen Themen des alltäglichen Lebens und ihre sprachliche Bewältigung im Vordergrund. Das kommunikative, thematische und grammatische Curriculum des Lehrwerks orientiert sich am Gemeinsamen Europäischen Referenzrahmen, wobei der Lernstoff Schritt für Schritt und praxisnah eingeführt wird. Um die Sprachhandlungsfähigkeit der Lernenden kontinuierlich zu entwickeln, werden die Grundfertigkeiten Sprechen, Hörverstehen, Leseverstehen und Schreiben systematisch trainiert.

Die beiden Seiten *Alles klar?* am Schluss jeder Lektion können als kleine „Zwischenkontrolle" angesehen werden und bieten die Möglichkeit, den Lernstoff einer Lektion zu festigen.

Die *Pluspunkt Extra*-Seiten nach Lektion 9 bieten zusätzliche Materialien an, mit denen der Lernstoff der vorangegangenen Lektionen spielerisch wiederholt werden kann. Darüber hinaus werden hier Vorschläge für Projektarbeit – auch außerhalb des Klassenraums – gemacht. Die *Pluspunkt Extra*-Seiten nach Lektion 12 bereiten auf die Prüfung (Niveaustufe A1) vor.

Der *Anhang* von **Pluspunkt Deutsch 1b** umfasst
– Phonetikübungen zur Schulung der Aussprache und Intonation – die Übungen sind den einzelnen Lektionen zugeordnet,
– eine Zusammenfassung der Grammatik Lektion für Lektion,
– eine alphabetische Wortliste für die Lektionen 1 bis 12 mit den jeweiligen Fundstellen im Buch,
– eine Liste der unregelmäßigen Verben und
– die Hörtexte, die nicht in den Lektionen abgedruckt sind.

Das **Arbeitsbuch** unterstützt die Arbeit mit dem Kursbuch. Die Wiederholung ist ein wesentlicher Bestandteil des Sprachlernprozesses und hat im Konzept von **Pluspunkt Deutsch** einen hohen Stellenwert. Das Arbeitsbuch enthält ein umfangreiches und vielfältiges Übungsangebot zu den Lektionen des Kursbuchs. Es ermöglicht Kursleitern und Kursleiterinnen auf die individuellen Bedürfnisse und Fähigkeiten der Lernenden einzugehen. Wortschatz und Grammatik sowie die vier Fertigkeiten können also gezielt und binnendifferenziert geübt werden. Die Vokabeln des Kursbuchs mit Hinweisen zur Aussprache finden Sie auf den letzten beiden Seiten der Arbeitsbuchlektionen in der Reihenfolge ihres ersten Auftretens. Die Lernenden können in den Schreibzeilen die Übersetzungen in ihrer Muttersprache eintragen.

Die **Audio-CD** enthält die Hörtexte aus dem Kurs- und Arbeitsbuch sowie die Phonetikübungen.

In den **Handreichungen für den Unterricht** finden Kursleiter und Kursleiterinnen Tipps für den Unterricht und eine Fülle von Vorschlägen, die als Ausgangspunkt für Differenzierungsmaßnahmen in heterogenen Kursen dienen können. Zusätzliche Kopiervorlagen erleichtern die Unterrichtsvorbereitung.

Unter www.cornelsen-daf.de gibt es für die Arbeit mit **Pluspunkt Deutsch** Zusatzmaterialien, Übungen und didaktische Tipps sowie interessante Links zur Auflockerung des Unterrichts.

Viel Spaß und Erfolg mit **Pluspunkt Deutsch** wünschen Ihnen die Autoren und der Cornelsen Verlag!

Symbole

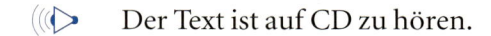

🔊 Der Text ist auf CD zu hören.

✍ schriftliche Übung

👥 Sie arbeiten im Kurs.

👥 Sie arbeiten zu zweit.

🔊 90 Auf Seite 90 finden Sie eine passende Ausspracheübung.

☞ 97 Auf Seite 97 finden Sie die Grammatik im Überblick.

Inhalt

	Kommunikation	*Grammatik*

8 Lektion 7 — Meine Wege durch die Stadt

Verkehr und Verkehrsmittel Ortsbeschreibungen In der Fahrschule Verkehrsschilder Orientierung in Berlin Eine Wohnungseinweihung	über Verkehrsmittel sprechen Ortsangaben machen sagen, was man (nicht) kann, darf, muss nach dem Weg fragen und den Weg beschreiben eine neue Adresse angeben über Geschenke sprechen	Präpositionen mit Dativ (Wiederholung) Ortspräpositionen *neben, zwischen, unter, hinter, gegenüber* Präpositionen mit Akkusativ *durch, entlang, um, gegen, für* Modalverben *dürfen, können, müssen* (Wiederholung) Wechselpräpositionen *an, in, auf*

22 Lektion 8 — Ämter und Behörden

Ämter und Behörden Öffnungszeiten Anrufbeantworter Probleme und Vorschläge Dokumente und Formulare Auf dem Wohnungsamt	sagen, was man bei welcher Behörde tun kann Öffnungszeiten angeben eine telefonische Nachricht verstehen und formulieren Probleme beschreiben und Lösungsvorschläge machen einen Termin vereinbaren Angaben zur Person machen ein Gespräch auf einer Behörde führen	Konjunktionen *aber, und, denn* Indefinitpronomen *man*

34 Lektion 9 — Gestern und heute

Alltagsbeschreibungen Wie war dein Wochenende? Eine Überraschung Unterwegs Biografien	beschreiben, was man macht / gemacht hat über Vergangenes sprechen einen Brief / eine E-Mail schreiben über sein Leben erzählen	Perfekt mit *haben* (regelmäßige und unregelmäßige Verben) Perfekt der trennbaren Verben Perfekt mit *sein* Präteritum von *haben* und *sein*

| Inhalt | Kommunikation | Grammatik |

46 extra

3 Meine Stadt (II)

Wegbeschreibung
Aufräumen
Das Traumspiel
Projekt: Am Wochenende

48 Lektion

10 Im Kaufhaus

Kleidung	Farben angeben (Wiederholung)	Adjektivdeklination (Nominativ
Einkaufsdialoge	sagen/fragen, welche Kleidung	und Akkusativ) nach dem
Rabatte und Sonderangebote	(nicht) gefällt	bestimmten Artikel
Orientierung im Kaufhaus	Kleidung kaufen / über Kleidung	Fragepronomen *welcher, welche,*
Größenangaben	sprechen	*welches*
	im Kaufhaus um Auskunft bitten	Verben mit Akkusativ
		Verben mit Dativ
		Komposita (Nomen)

60 Lektion

11 In Deutschland unterwegs

Jahreszeiten und Wetter	über das Wetter sprechen	Komparativ und Superlativ
Vergleiche	eine Wetterkarte / einen Wetter-	
Informationen über	bericht verstehen	
Deutschland	etwas vergleichen	
Besuch aus Istanbul	sich beschweren	
Land und Leute	landeskundliche Informationen	
Mit dem Zug unterwegs	verstehen	
	Informationen im Zug erfragen	
	und verstehen	

72 Lektion

12 Zusammen leben

Nachbarn	über die Nachbarn sprechen	Wiederholung (Präpositionen,
Mieterprobleme	Probleme im Haus beschreiben	Perfekt, Komparation, Adjektive)
Mülltrennung	einen formellen Brief schreiben	
Ein Brief an die Hausverwaltung	eine Geschichte weiter erzählen	
Auf dem Spielplatz	Kinderbetreuung vergleichen	
Kinderbetreuung	Personen charakterisieren	
Der ist aber nett!		

Inhalt	Kommunikation	Grammatik

84 extra 4 Prüfungsvorbereitung

Test (Niveaustufe A1)

90 Anhang

- 90 **Phonetik**
- 97 **Grammatik**
- 106 **Alphabetische Wortliste**
- 121 **Liste der unregelmäßigen Verben**
- 125 **Hörtexte**

Lektion 7
Meine Wege durch die Stadt

A Verkehr und Verkehrsmittel

1 a) Sehen Sie sich die Fotos an und ordnen Sie die Verkehrsmittel zu.

der Motorroller

Ich gehe zu Fuß.

das Taxi – die Straßenbahn / die Tram – die U-Bahn – die S-Bahn – das Fahrrad – ~~der Motorroller~~ – der Zug – das Auto – das Flugzeug – der Bus

b) Welche Verkehrsmittel benutzen Sie täglich, welche manchmal und welche selten oder nie? Machen Sie im Kurs eine Umfrage. Schreiben Sie die Ergebnisse in eine Tabelle an der Tafel.

Fahren Sie / Fährst du mit der U-Bahn?

Ja, manchmal.

Nein, nie.

	täglich	manchmal	selten	nie
U-Bahn	||||| |||||	|||		
Fahrrad		||	|||||	
Bus	||||| |||			||

2 Wohin fahren Sie … mit dem Auto? … mit dem Fahrrad? … Wohin gehen Sie zu Fuß? Wie lange brauchen Sie? Die Beispiele helfen Ihnen.

der Supermarkt   das Schwimmbad   die Sprachschule   die Bäckerei   der Kindergarten

der Supermarkt → Auto   Ich fahre 10 Minuten mit dem Auto zum Supermarkt.
der Kindergarten → zu Fuß   Ich gehe zu Fuß zum Kindergarten. Ich brauche …

3 a) Beschreiben Sie die Fotos.

viele Menschen – viele Autos – der Zug – die Straßenbahn – 16.06 Uhr – …

Auf Bild 1 sehe ich einen Zug.

b) Hören Sie zu und beantworten Sie die Fragen.

1. Wie fahren Anja Sander und Thomas Hoppe zur Arbeit?
2. Wie lange fahren sie zur Arbeit?
3. Was machen sie während der Fahrt?

15 Min. = eine Viertelstunde
30 Min. = eine halbe Stunde
45 Min. = eine Dreiviertelstunde

4 Machen Sie ein Wörternetz zum Thema *Verkehr*.

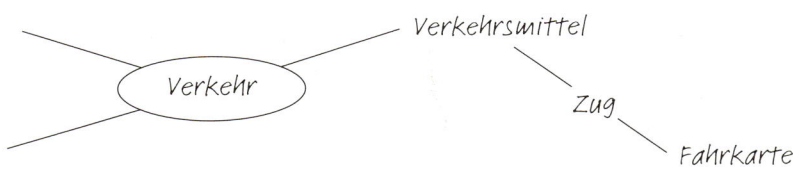

B Ortsbeschreibungen

1 Sehen Sie sich das Bild und die Fotos an.

2 a) Sammeln Sie die Nomen mit Artikel in einer Tabelle.
Die alphabetische Liste auf Seite 106 hilft Ihnen.

der	die	das
der Tabakladen	die Apotheke	das Kino

b) Kennen Sie noch mehr Geschäfte oder Gebäude?
Sammeln Sie an der Tafel und ergänzen Sie Ihre Tabelle.

3 a) Wo ist …? Ergänzen Sie die Sätze mit den Präpositionen.

    neben   zwischen   unter   hinter   gegenüber

1. Die Post ist _____neben_____ der Apotheke.
2. Die Bank ist _____ der Metzgerei und dem Restaurant.
3. _____ dem Kino ist die Post.
4. Die Hochhäuser sind _____ dem Park.
5. _____ der Bank sitzt ein Vogel.
6. Das Reisebüro ist _____ dem Tabakladen.

b) Unterstreichen Sie in Aufgabe a) die Präposition und den Artikel
und ergänzen Sie die Tabelle.

bestimmter Artikel	Präposition + Dativ	☞ 97
der Tabakladen	neben **dem** Tabakladen	
____ Bank	unter ____ Bank	
____ Kino	gegenüber ____ Kino	

4 Stellen Sie sich gegenseitig Fragen im Kurs und antworten Sie.

(Wo ist die Apotheke?)   (Sie ist zwischen der Post und dem Reisebüro.)

5 Übungen selber machen. Schreiben Sie Sätze ohne Präposition und Artikel.
Tauschen Sie mit Ihrem Partner / Ihrer Partnerin.

Wo ist das Restaurant?
Das Restaurant ist _____ Bank.

Wo ist das Reisebüro?
Das Reisebüro ist _____ Apotheke und _____ Tabakladen.

C In der Fahrschule

 1 Haben Sie einen Führerschein? Dürfen Sie in Deutschland Auto fahren?

2 Ordnen Sie die Begriffe den Bildern zu.

> die Kreuzung
> der Unfall
> der Pkw
> die Ampel
> der Führerschein
> der Lkw
> das Schild
> der Tunnel

3 Sehen Sie sich das Bild an. Wer darf fahren: der Pkw oder der Lkw?

4 Hören und lesen Sie den Text. Ist Ihre Antwort in Aufgabe 3 richtig?

Fahrlehrer: Das Thema heute ist die Vorfahrt. Was heißt das? Haben Sie eine Idee?
Sakine Yildirim: Gibt es für die Vorfahrt nicht zwei Regeln? Eine mit einem Schild und eine ohne Schild?
Fahrlehrer: Richtig! Sehen Sie sich mal das Bild an. Ein Pkw fährt durch den Tunnel und ein Lkw kommt die Straße entlang. Der Lkw möchte um die Ecke biegen. An der Kreuzung treffen sie sich. Wer darf zuerst fahren?
Fahrschüler: Die Kreuzung hat keine Ampel und kein Schild. Der Pkw kommt von rechts und darf zuerst fahren.
Fahrlehrer: Genau! Der Pkw darf fahren, der Lkw muss warten. Sonst fährt der Pkw gegen den Lkw und es gibt einen Unfall. Dann hat der Lkw-Fahrer die Schuld …
Sakine Yildirim: … und sein Führerschein ist weg!

5 a) Lesen Sie den Text noch einmal und ergänzen Sie die Sätze.

 1. Der Pkw fährt _____ den Tunnel.

 3. Der Lkw biegt _____ die Ecke.

 2. Der Lkw fährt die Straße _____ .

 4. Der Pkw fährt _____ den Lkw.

b) Unterstreichen Sie die Artikel in Aufgabe a) und ergänzen Sie die Tabelle.

bestimmter Artikel	Präposition mit Akkusativ	☞ 97
____ Tunnel	durch ____ Tunnel fahren	
____ Lkw	gegen ____ Lkw fahren	
____ Straße	____ Straße entlang fahren	
die Ecke	um ____ Ecke biegen	
das Auto	gegen **das** Auto fahren	

c) Wo verändert sich der Artikel, wo nicht? Markieren Sie.

Auch die Präposition *für* steht mit dem Akkusativ.

Ich brauche viel Geld für den Führerschein.

6 Verkehrsschilder. Was kann, muss, darf man hier (nicht) tun?

parken – anhalten – rechts abbiegen – geradeaus fahren – weiterfahren – 30 fahren – links abbiegen

Bei Nummer 4 muss man rechts abbiegen.

Bei Nummer 5 darf man nicht abbiegen.

7 Ordnen Sie die Bilder den Sätzen zu.

Modalverb	Bild	Beispiel
können	☐	Hier können Sie parken.
	☐	Ich kann Fußball spielen.
nicht können	☐	Hier können Sie nicht fahren.
	☐	Ich kann nicht Tennis spielen.
müssen	☐	Sie müssen hier warten.
nicht müssen	☐	Sie müssen die Aufgabe nicht machen.
dürfen	☐	Mit 18 darf man den Führerschein machen.
nicht dürfen	☐	Hier dürfen Sie nicht fahren.

8 Ergänzen Sie die Tabelle.

dürfen	
ich	_____
du	darfst
er/sie/es	_____
wir	_____
ihr	dürft
sie/Sie	_____

Ich darf faulenzen.

☞ 1a 108

9 Ergänzen Sie die Sätze mit den Modalverben *können, müssen, dürfen*.

1. Ich _____ jeden Morgen um 6 Uhr aufstehen.
2. Ihr _____ schon viel auf Deutsch sagen.
3. Ohne Führerschein _____ Sie kein Auto fahren.
4. Ich _____ nicht schwimmen.
5. Frau Kramer _____ jeden Morgen die Kinder in die Schule bringen.
6. Du _____ nicht so viel Schokolade essen, sagt der Arzt.

D Nach dem Weg fragen und den Weg beschreiben

1 Sehen Sie sich die Fotos an und ordnen Sie die Begriffe zu.

der Bahnhof – das Rathaus – die Bücherei – die Tankstelle – das Arbeitsamt – die Polizei – das Schwimmbad – die Volkshochschule

2 a) Sehen Sie sich die Zeichnung an und hören Sie den Dialog. 90

+ Entschuldigung, können Sie mir helfen? Ich suche den Bahnhof.
– Ja klar. Moment … Gehen Sie hier links und dann immer geradeaus bis zur Kreuzung. Dort gehen Sie nach rechts und auf der linken Seite sehen Sie dann den Bahnhof.
+ Danke … Also hier links, dann geradeaus bis zur Kreuzung, dann rechts und auf der linken Seite ist der Bahnhof.
– Genau.

b) Ergänzen Sie die passenden Wörter aus dem Text.

← links   ↑ _____   → _____

3 Ergänzen Sie die Tabelle.

+ Akkusativ	+ Dativ
Wo finde ich _____ Krankenhaus?	Wie komme ich **zu** _____ Post?
Ich suche _____ Apotheke.	Ich möchte **zu** _____ Kino „Odeon".

Entschuldigung, bitte …

Lektion 7   fünfzehn   **15**

4 a) Sehen Sie sich den Stadtplan an. Markieren Sie den U-Bahnhof Kochstraße (4/5c) und den Anhalter Bahnhof (5b).

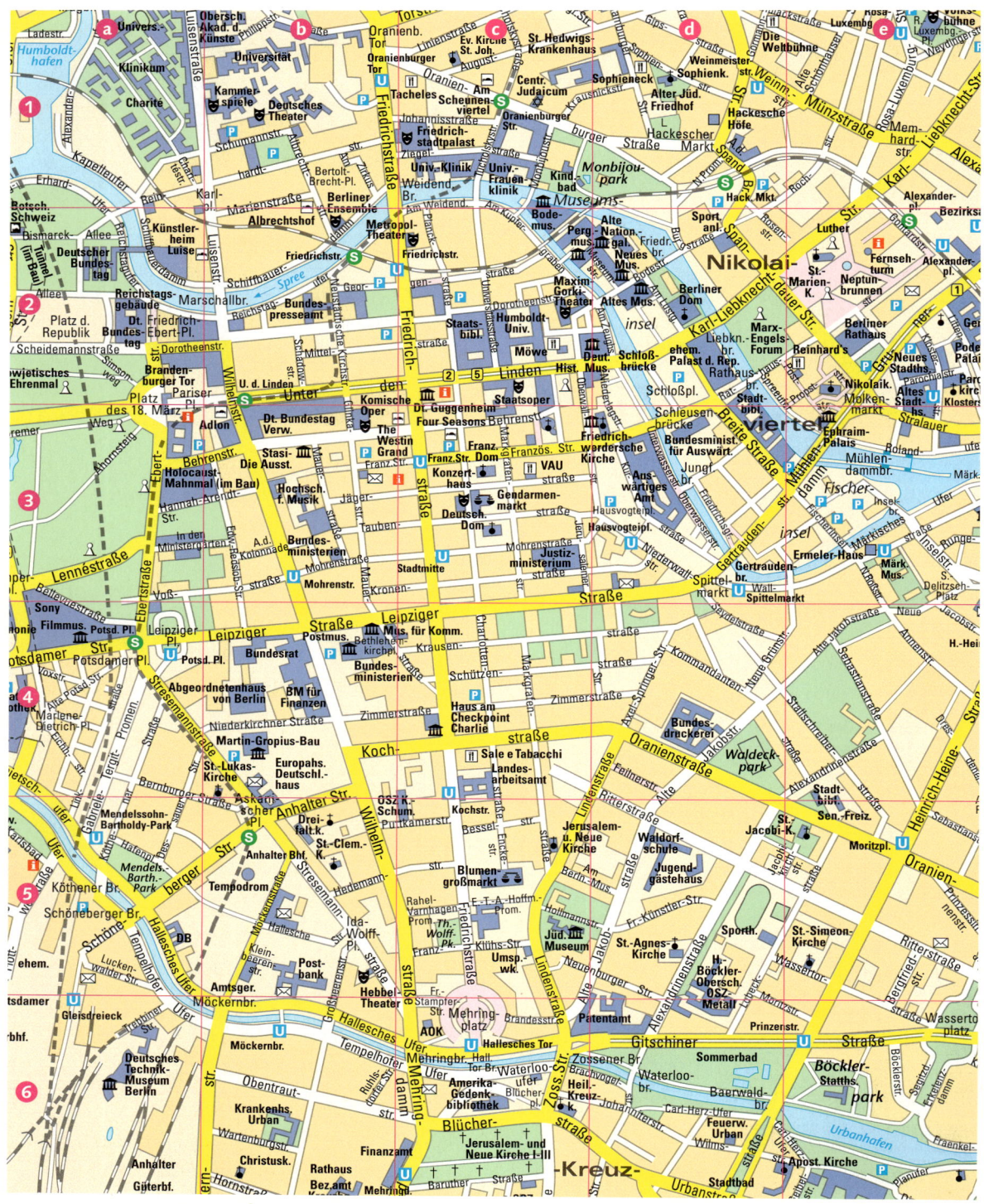

b) Hören Sie die Wegbeschreibung. Notieren Sie die Straßennamen und suchen Sie sie auf dem Stadtplan.

c) Lesen Sie die Wegbeschreibung und zeichnen Sie den Weg in den Stadtplan.

Vom U-Bahnhof Kochstraße zum Anhalter Bahnhof:
Gehen Sie hier geradeaus und dann die zweite Straße rechts in die Hedemannstraße. Überqueren Sie die Wilhelmstraße und gehen Sie bis zur Stresemannstraße. Dann nach rechts. Auf der linken Seite sehen Sie den Anhalter Bahnhof.

5 Beschreiben Sie Ihrem Partner / Ihrer Partnerin den Weg.
Spielen Sie anschließend den Dialog vor. Die Tabelle hilft Ihnen.

1. Vom S-Bahnhof Alexanderplatz (2e) zur Staatsoper (2c).
2. Vom U-Bahnhof Hallesches Tor (6c) zum Checkpoint Charlie (4c).
3. Vom S-Bahnhof Potsdamer Platz (4a) zum Reichstag (2a).

Einen Weg beschreiben	
Gehen Sie / Fahren Sie …	Überqueren Sie …
… (immer) geradeaus.	… die Kreuzung /
… die erste/zweite/… Straße rechts/links.	den Platz / die Straße.
… bis zur Ampel/Kreuzung.	
… über den Platz / über die Brücke.	Biegen Sie …
… an dem / an der … vorbei.	… nach rechts/links ab.
… die … Straße entlang.	
… um die Ecke.	

Bitte noch einmal. Aber etwas langsamer.

Das habe ich nicht verstanden.

6 Hören Sie die Wegbeschreibungen.

a) Suchen Sie auf dem Stadtplan, wo die Personen sind.

b) Wohin gehen die Personen? Kreuzen Sie an.

Text 1:
☐ das Rote Rathaus
☐ die St.-Marien-Kirche
☐ das Pergamonmuseum

Text 2:
☐ die Nikolaikirche
☐ das Sowjetische Ehrenmal
☐ der Reichstag

Text 3:
☐ Moritzplatz
☐ Potsdamer Platz
☐ Pariser Platz

Rotes Rathaus

Nikolaikirche

Reichstag

Friedrichstraße

E Wo? Wohin?

1 a) Sehen Sie sich die Bilder an und ordnen Sie die Sätze zu.

1. Ayşe und Boris sind in der Schule.
2. Ayşe und Boris gehen in die Schule.

b) Unterstreichen Sie die Präposition und den Artikel. Was fällt Ihnen auf?

c) Ergänzen Sie die Regel. Wann benutzt man Akkusativ, wann Dativ?

1. Auf die Frage *Wohin?* (Richtung/Ziel) stehen die Präpositionen *an, auf, in* mit dem _____ .
2. Auf die Frage *Wo?* (Ort) stehen die Präpositionen *an, auf, in* mit dem _____ .
3. Auch *hinter, neben, unter, über, zwischen* sind Wechselpräpositionen und stehen mit dem Akkusativ oder mit dem Dativ.

☞ 97/98

2 Sehen Sie sich die Bilder an und ergänzen Sie die Sätze.

in das → ins
an das → ans
in dem → im
an dem → am

1. das Meer + an

Familie Krüger fährt ___ans___ Meer.

Familie Krüger ist _____ Meer.

2. das Kino + in

Guido geht _____ Kino.

Guido ist _____ Kino.

3. der Markt + auf

Frau Yüksul geht _____ Markt.

Frau Yüksul ist _____ Markt.

F Wir machen eine Einweihungsparty!

▷ **1** Hören Sie den Dialog und beantworten Sie die Fragen.

1. Wann ist die Einweihungsparty?
2. Wie heißt die neue Adresse von Klaus und Claudia?
3. Haben Klaus und Claudia Telefon in der Wohnung?
4. Wen bringt Nico mit?

2 a) Zu einer Einweihungsparty bringen die Gäste Geschenke mit. Was passt?

die Uhr · der Wein · die Blumen · die Hunde · das Geschirr · die Kaffeemaschine · die Töpfe · der Globus

„Man schenkt keinen Hund."

„Blumen sind schön für eine neue Wohnung."

b) Welche Geschenke kann man noch mitbringen? Gibt es Traditionen in Ihrem Land? Sammeln Sie im Kurs.

c) Sie sind Gast auf der Einweihungsparty von Klaus und Claudia. Was bringen Sie mit? Suchen Sie ein Geschenk aus Aufgabe a) aus oder sammeln Sie weitere Ideen.

▶ In Deutschland gibt es für Wohnungseinweihungen eine alte Tradition: Freunde und Verwandte schenken Brot und Salz. Das heißt, die neue Wohnung soll Glück und Gesundheit bringen.

Lektion 7 — Alles klar?

1 Notieren Sie sechs Verkehrsmittel.

1. _____ 4. _____
2. _____ 5. _____
3. _____ 6. _____

2 Ergänzen Sie den Artikel im Dativ.

1. Das Kino ist neben _____ Restaurant.
2. Das Restaurant ist zwischen _____ Bank und _____ Kino.
3. Die Apotheke ist neben _____ Post.
4. Der Mülleimer ist neben _____ Bank.
5. Die Metzgerei ist gegenüber _____ Tabakladen.
6. Das Reisebüro ist zwischen _____ Apotheke und _____ Tabakladen.

3 Präpositionen mit dem Akkusativ. Schreiben Sie Sätze und ergänzen Sie die Artikel.

Ich	fahren	um	Tunnel
Pkw	kommen	durch	Ecke
Lkw	biegen	gegen	Bus
Sakine	gehen	Straße	entlang

Beispiel:
Sakine geht die Straße entlang.

4 Modalverben. Ergänzen Sie die Sätze.

dürfen (2x) – können (2x) – müssen (2x)

1. Wir _____ noch Vokabeln lernen.
2. Sie _____ hier nicht rauchen.
3. Ich _____ Auto fahren.
4. Unsere Kinder _____ heute Abend fernsehen.
5. Meine Tochter _____ heute nicht in die Schule gehen. Sie ist krank.
6. Sie _____ den Pass mitbringen.

5 Ergänzen Sie die Sätze.

Entschuldigung, bitte.

1. Wie komme ich _____ Krankenhaus?
2. Ich suche _____ Arbeitsamt.
3. Wo finde ich _____ Bücherei?
4. Ich möchte _____ Polizei.
5. Ich suche _____ Schwimmbad.
6. Wie komme ich _____ Rathaus?

6 Ergänzen Sie die Ortsbeschreibungen. Manchmal gibt es mehrere Möglichkeiten.

1. Gehen Sie _____

2. Fahren Sie _____

3. Überqueren Sie _____

4. Biegen Sie _____

5. Fahren Sie _____

> die Brücke
> hier die Straße entlang
> immer geradeaus
> links ab
> bis zur Ampel

7 a) Ergänzen Sie die Regel. Wann gebraucht man Akkusativ, wann Dativ?

1. **Wohin (Richtung/Ziel):** *an, auf, in, hinter, neben, unter, zwischen* + _____
2. **Wo (Ort):** *an, auf, in, hinter, neben, unter, zwischen* + _____

b) Frau Yildirim geht einkaufen. Wo kauft sie was?
1. Wo kauft sie Medikamente? (Apotheke + in) _In der Apotheke_.
2. Wo kauft sie Lebensmittel ein? (Supermarkt + in) _Im Supermarkt_
3. Wo kauft Frau Yildirim Brot? (Bäckerei + in) _In d____ .
4. Wo kauft sie Kinokarten? (Kino + in) _____ .
5. Wo kauft sie Fleisch? (Metzgerei + in) _____ .

c) Und wohin geht Frau Yildirim? Schreiben Sie mit den Sätzen aus b) Fragen und Antworten.

Beispiel: Frau Yildirim muss Brot kaufen. Wohin geht sie? → Sie geht in die Bäckerei.

d) Ergänzen Sie die Sätze.
1. Ich gehe in _____ Supermarkt.
2. Ich kaufe Gemüse auf _____ Markt.
3. In den Ferien fahren wir an _____ Meer.
4. Die Schüler sind in _____ Schule.
5. Heute Abend haben wir keine Zeit. Wir gehen in _____ Kino.
6. Das Buch liegt auf _____ Tisch.

Lektion 8 — Ämter und Behörden

A Wo ist was?

1 Sehen Sie sich die Fotos an. Was kennen Sie? Erzählen Sie im Kurs.

> Beim Einwohnermeldeamt müssen alle lange warten.

> Ich kenne die Familienkasse. Wir bekommen Kindergeld.

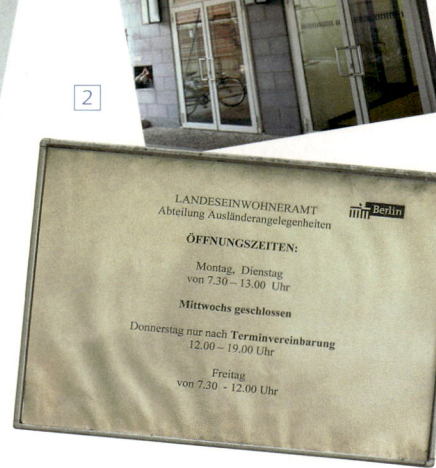

2 a) Ordnen Sie die Fotos den Behörden zu.

b) Ergänzen Sie die Tabelle.

Name der Behörde	Öffnungszeiten	Was man tun kann
☐ Das Landeseinwohneramt Abt.* Ausländerangelegenheiten	Mo, Di: 7.30–13 Uhr, Do: 12–19 Uhr, Fr: 7.30–12 Uhr	Aufenthaltsgenehmigung oder Asyl beantragen
☐ Das Bezirksamt Abt. Familie, Jugend … = Sozialamt		
☐ Das Landeseinwohneramt Abt. Kraftfahrzeugangelegenheiten		
☐ Das Landeseinwohneramt Meldestelle		
☐ Das Arbeitsamt Familienkasse		

* Abt. = Abteilung

In vielen Städten gibt es ein oder mehrere Bürgerbüros. Oft ist es im Rathaus. Im Bürgerbüro kann man alle Meldeangelegenheiten erledigen. Sie finden dort auch meistens Rat und Hilfe für Ihre Behördengänge.

c) Schreiben Sie in die Tabelle, was man wo tun kann.

> Wohnung anmelden oder abmelden   Sozialhilfe beantragen   Auto anmelden
> Aufenthaltsgenehmigung beantragen   Pass verlängern   Kleidergeld bekommen
> Asyl beantragen   deutschen Führerschein beantragen   Kindergeld beantragen

3 Schreiben Sie Sätze wie im Beispiel.

Beispiel:
Beim Landeseinwohnermeldeamt kann man den Pass verlängern.

Wir lernen: **Amt** mit „bei"
→ beim (bei dem) Amt

4 Fragen Sie sich gegenseitig und antworten Sie. 91/92

- Wann kann ich am Mittwoch zur Familienkasse gehen?
- Am Mittwoch hat die Familienkasse bis 12.00 Uhr Sprechzeit.

B Hier ist der Anrufbeantworter …

1 Hören Sie zu. Ordnen Sie die Ansagen den Bildern zu.

2 Hören Sie die Ansagen noch einmal. Kreuzen Sie an. Es gibt nur eine Möglichkeit.

Text 1
Die Sprechzeiten sind am
a) ☐ Mittwoch von 13.30 bis 18.00 Uhr.
b) ☐ Donnerstag von 14.00 bis 18.00 Uhr.
c) ☐ Freitag von 11.00 bis 13.00 Uhr.

Text 2
Die Telefonnummer ist
a) ☐ 069-62 73 65 66.
b) ☐ 030-62 77 55 60.
c) ☐ 030-62 73 66 65.

Text 3
Herr Yildirim muss in das Zimmer
a) ☐ Nummer 525.
b) ☐ Nummer 265.
c) ☐ Nummer 255.

Text 4
Nach Blankenburg
a) ☐ fährt der nächste Zug in einer Stunde.
b) ☐ geht es mit dem Bus weiter.
c) ☐ fährt die U-Bahn.

Text 5
Das Auto mit dem Kennzeichen
a) ☐ B DR 1978
b) ☐ B DD 1879
c) ☐ D DR 1987
steht vor einer Einfahrt.

Text 6
Herr Yildirim soll zum Elternsprechtag am
a) ☐ Montag
b) ☐ nächsten Tag
c) ☐ Mittwoch
kommen.

3 Lesen Sie den Text und unterstreichen Sie die passenden Textstellen.

1. Name
2. Datum/Uhrzeit
3. Was möchte Frau Kern?
4. Telefonnummer

Hier spricht Andrea Kern. Ich habe am Donnerstag, den 13.09., um 16.30 Uhr einen Termin bei Ihnen. Ich muss an dem Tag aber arbeiten und brauche einen neuen Termin. Können Sie mich bitte zurückrufen? Meine Nummer ist 24 33 42 48. Vielen Dank.

4 Sie müssen auf einen Anrufbeantworter sprechen. Wählen Sie mit Ihrem Partner / Ihrer Partnerin zwei Situationen aus. Schreiben Sie eine Nachricht. Vergleichen Sie Ihre Ergebnisse im Kurs.

1. Sie wollen einen Arzttermin ändern und bitten um einen Rückruf.

    → Name
    → Termin am 16.7., um 10 Uhr absagen / keine Zeit
    → neuer Termin
    → Bitte um Rückruf
    → Telefonnummer
    → Name wiederholen

2. Sie möchten mit einem Freund Fußball spielen.

    → Name
    → Montag um 16 Uhr
    → bitte Ball mitbringen

3. Ihr Auto ist in der Werkstatt. Sie möchten es heute abholen.

    → Name
    → Auto fertig?
    → wann abholen?
    → Bitte um Rückruf
    → Telefonnummer

4. Sie müssen morgen länger arbeiten und können Ihre Tochter nicht vom Kindergarten abholen. Sie rufen eine andere Mutter an. Sie soll Ihr Kind mitnehmen.

    → Name
    → Sonja morgen nicht abholen können / zum Arzt müssen
    → Sonja mitnehmen?
    → Bitte um Rückruf

C Was ist das Problem?

1 Lesen Sie die Texte und ordnen Sie sie den Fotos zu.

1. Mahmud ist 15 Jahre alt und geht in die neunte Klasse. Er ist gut in Englisch und er liebt den Sportunterricht. In Deutsch hat er keine Probleme, aber er braucht Nachhilfe in Mathematik. Sonst bekommt er eine Fünf.

2. Herr Yildirim ist Automechaniker und verdient 1300 Euro im Monat. Er arbeitet in einer Werkstatt in Kreuzberg, aber sein Chef muss die Werkstatt schließen. Dann verliert Herr Yildirim seine Arbeit und bekommt weniger Geld. Er muss dann zum Wohnungsamt, denn er braucht Wohngeld für die Miete.

3. Frau Brodsky ist Ärztin und hat viele Patienten. Sie ruft beim Arbeitsamt an, denn sie braucht eine Arzthelferin. Die Sachbearbeiterin ist freundlich, aber sie kann ihr nicht sofort helfen.

4. Sabrina Marks ist 15 Jahre alt und hat einen 12-jährigen Bruder. Sabrina mag ihren kleinen Bruder, aber er ist oft sehr laut. Sie muss das Zimmer mit ihm teilen und hat keine Ruhe zum Lernen und Lesen.

5. Sakine Yildirim geht zur Fahrschule und möchte bald die Prüfung machen. Sie fährt schon ganz gut, aber sie braucht noch zehn Fahrstunden. Doch die Fahrstunden sind sehr teuer und Ahmed ist bald arbeitslos.

2 Wer hat welche Probleme? Machen Sie eine Tabelle im Heft. Schreiben Sie Sätze.

Mahmud	Herr Yildirim	Frau Brodsky	Sabrina	Sakine Yildirim
Er braucht Nachhilfe.	Er verliert ...			

3 Konjunktionen

a) Markieren Sie *und*, *aber* und *denn*.

1. Mahmud ist 15 Jahre alt und geht in die neunte Klasse.

b) Notieren Sie die Hauptsätze. Ergänzen Sie das Personalpronomen, wenn es nötig ist.

Mahmud ist 15 Jahre alt. Er geht in die neunte Klasse.

> Konjunktionen sind Verbindungswörter. Die Konjunktionen *und*, *aber* und *denn* verbinden Hauptsätze.

c) Wann benutzt man *und*, *aber* und *denn*? Ordnen Sie die Sätze aus Aufgabe 1 in eine Tabelle.

Grund	Einschränkung	Aufzählung
Er muss zum Wohnungsamt, denn er braucht Wohngeld.	In Deutsch hat er keine Probleme, aber er braucht Nachhilfe in …	Mahmud ist 15 Jahre alt und geht in die neunte Klasse.

4 Verbinden Sie die Sätze mit einer Konjunktion. ☞ 99

Beispiel: Pjotr hat heute frei, denn der Deutschkurs fällt aus.

Satz 1
1. Pjotr hat heute frei.
2. Tamara hat eine Erkältung.
3. Herr Marks kommt spät nach Hause.
4. Das Auto ist kaputt.
5. Die Yildirims wollen ein Sofa kaufen.
6. Herr Schmidt ist Rentner.

Satz 2
a) Er hat viel Zeit.
b) Sie muss Hustensaft kaufen.
c) Der Deutschkurs fällt aus.
d) Sie haben kein Geld.
e) Er hat viel Arbeit.
f) Es fährt noch.

5 Sehen Sie sich noch einmal die Tabelle in Aufgabe 2 an. Machen Sie Vorschläge. Benutzen Sie die Modalverben. ☞ 1a 107/108

Für Herrn Yildirim:

Du kannst doch die Anzeigen in der Zeitung lesen.

Du musst zum Arbeitsamt gehen.

können / müssen
- sparen
- mit Freunden lernen
- einen Nebenjob suchen
- eine Anzeige schreiben
- Ruhezeiten vereinbaren
- …

Lektion 8 siebenundzwanzig **27**

D1 Haben Sie alle Unterlagen?

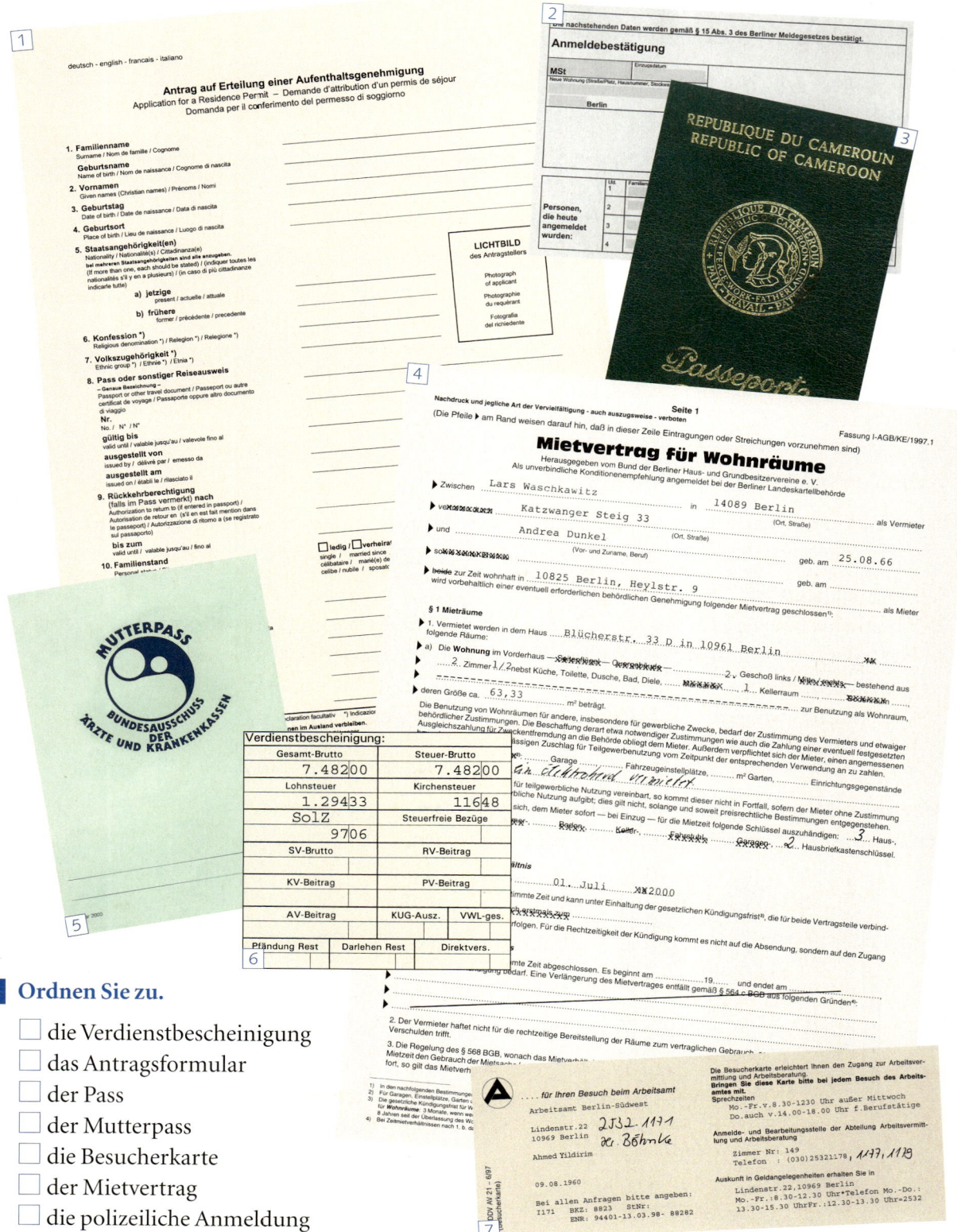

1 Ordnen Sie zu.

- [ ] die Verdienstbescheinigung
- [ ] das Antragsformular
- [ ] der Pass
- [ ] der Mutterpass
- [ ] die Besucherkarte
- [ ] der Mietvertrag
- [ ] die polizeiliche Anmeldung

2 Was braucht man wo?

a) Ergänzen Sie die Sätze mit den Begriffen aus Aufgabe 1.

1. Die _polizeiliche Anmeldung_ braucht man bei allen Ämtern. Sie gibt die Adresse an.
2. Den _____ braucht man beim Wohnungsamt.
3. Den _____ braucht man für die polizeiliche Anmeldung, aber auch bei allen anderen Ämtern.
4. Den _____ braucht man für den Besuch beim Frauenarzt. Frauen bekommen ihn, wenn sie schwanger sind.
5. Die _____ braucht man bei vielen Ämtern. Auch der Vermieter möchte eine sehen. Sie sagt, wie viel man verdient.
6. Das _____ braucht man beim Amt für Ausländerangelegenheiten.
7. Die _____ braucht man beim Arbeitsamt.

b) Lesen Sie die Sätze noch einmal. Unterstreichen Sie die Nominativergänzung (Subjekt). Was fällt Ihnen auf?

3 Schreiben Sie Sätze mit *man* wie im Beispiel.

Beispiel: bei Behörden – müssen – lange warten → Bei Behörden muss man lange warten.

1. hier – nicht parken – dürfen

2. bei Behörden – müssen – pünktlich sein

3. was – brauchen – für eine Aufenthaltsgenehmigung?

4. hier – viel zu tun – haben

Das unbestimmte Pronomen *man* benutzt man für allgemeine Aussagen und wenn man nicht sagen kann oder will, wer etwas tut.

Lerntipp: Meistens sind mehrere Personen mit *man* gemeint. Aber das Verb steht immer in der 3. Person Singular!

D2 Einen Termin vereinbaren

Herr Yildirim ist arbeitslos. Er bekommt jetzt weniger Geld und möchte einen Antrag auf Wohngeld stellen. Er telefoniert mit dem Wohnungsamt, denn er braucht einen Termin.

1 Was sagt Herr Yildirim? Sammeln Sie an der Tafel.

Name
Adresse
…

Wann kann ich kommen?

Ich heiße Ahmed Yildirim.

2 Hören Sie das Telefongespräch zweimal. Kreuzen Sie die richtige Antwort an.

1. Herr Yildirim hat einen Termin am
   a) ☐ 26.04, um 8.45 Uhr.
   b) ☐ 28.04, um 9.00 Uhr.
   c) ☐ 28.04, um 9.45 Uhr.

2. Er muss mitbringen:
   a) ☐ seinen Mietvertrag.
   b) ☐ den Mutterpass.
   c) ☐ die Besucherkarte.

3. Er hat einen Termin bei
   a) ☐ Frau Müller.
   b) ☐ Herrn Schmidt.
   c) ☐ Frau Schmidt.

4. Er muss in das Zimmer
   a) ☐ 244.
   b) ☐ 445.
   c) ☐ 455.

3 Ergänzen Sie die richtige Frage oder Antwort im Dialog rechts.

1. Was soll ich mitbringen?
2. Guten Tag, Aghdam. Ich möchte einen Termin vereinbaren.
3. Können Sie den Namen bitte buchstabieren?
4. Oh, da habe ich schon einen Arzttermin.
5. Ihre Besucherkarte und natürlich Ihren Ausweis.

+ Klose, Arbeitsamt Südwest.
– ☐ 2
+ ☐
– Aghdam. A-G-H-D-A-M.
+ Kommen Sie am Montag um 8.30 Uhr.
– ☐
+ Also, dann am Donnerstag, um 16.00 Uhr. Bitte bringen Sie Ihre Unterlagen mit.
– ☐
+ ☐
– Gut. Danke und auf Wiedersehen.

4 Vereinbaren Sie telefonisch einen Termin und spielen Sie den Dialog vor.

beim Arzt – beim Arbeitsamt – für eine Wohnungsbesichtigung

D3 Herr Yildirim beim Wohnungsamt

1 Wer sagt was? Machen Sie eine Tabelle und ordnen Sie die Sätze zu.

A = Ahmed Yildirim	B = die Sachbearbeiterin
Ahmed.	Ja natürlich, fangen wir an.

1. Ahmed.
2. Ja natürlich, fangen wir an. Wie ist Ihr Name?
3. Können Sie bitte noch etwas warten?
4. Entschuldigung, ich möchte …
5. Kein Problem. Ich warte vor der Tür.
6. Wie ist Ihr Familienstand: ledig, verheiratet oder geschieden?
7. Vorname?
8. Können Sie mir helfen?
9. Ich bin verheiratet und habe ein Kind.
10. Yildirim.
11. Jetzt sind Sie dran. Was kann ich für Sie tun?
12. Ich möchte Wohngeld beantragen.
13. Wie ist Ihre Adresse?
14. Gut, zuerst müssen Sie dieses Formular ausfüllen.
15. Naumannstraße 11, in 10961 Berlin.

2 a) Hören Sie den Dialog.

b) Ordnen Sie die Sätze und schreiben Sie den Dialog ins Heft.

4 3 5 ☐ ☐ ☐ ☐ ☐ ☐ ☐ ☐ ☐ ☐ ☐ ☐

– Entschuldigung, ich möchte …
+ Können Sie bitte noch etwas warten?
– Kein Problem. Ich …

c) Spielen Sie den Dialog im Kurs.

3 Kennen Sie diese Situation? Welche Probleme gibt es? Erzählen Sie im Kurs.

Am Telefon verstehe ich den Anderen oft nicht.

Ich weiß nicht, was … heißt.

Die Leute auf dem Amt sind oft ungeduldig. Dann bin ich nervös.

Lektion 8 Alles klar?

1 Was wissen Sie über Behörden? Schreiben Sie eine Liste.

Es gibt ...	Ich brauche ...	Ich kann ...
das Ausländeramt	Unterlagen: Pass, ...	einen Termin machen um Hilfe bitten

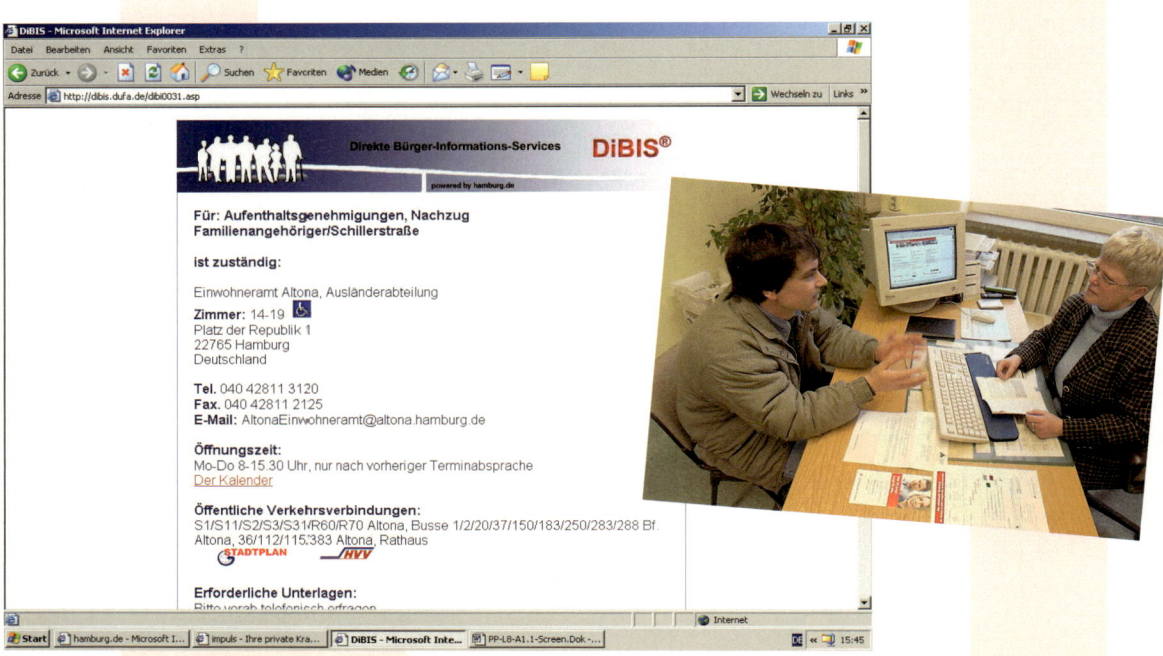

2 Am Telefon. Schreiben Sie eine Antwort.

1. + Praxis Dr. Bruchmüller. Was kann ich für Sie tun?
   – _____ .

2. + Können Sie den Namen bitte buchstabieren?
   – _____ .

3. + Geht es am Dienstag, den 16. März, um 8.30 Uhr?
   – _____ ?

4. + Da kann ich Ihnen nicht helfen. Sie müssen bei der Meldestelle fragen.
   – *Können Sie mir bitte ...* _____ ?

5. + Ich rufe Sie zurück. Wie ist Ihre Nummer?
   – _____ .

3 Verbinden Sie die Sätze mit:

und – aber – denn

a) Sabrina – sein – 15 Jahre alt
b) sie – gehen – noch – zur Schule

Beispiel: Sabrina ist 15 Jahre alt und (sie) geht noch zur Schule.

1. a) Jannek – Fieber – haben
   b) er – gehen – zum Arzt

2. a) Thomas – müssen – schnell – ins Krankenhaus.
   b) Er – Blinddarmentzündung – haben

3. a) Klaus – möchten – dünner sein
   b) er – Hunger – immer – haben

4. a) Ahmed – warten – müssen – im Warteraum – lange
   b) er – kein Termin – haben

5. a) wir – bekommen – Kindergeld – viel
   b) wir – haben – Kinder – vier
   c) Leben – teuer – sehr – sein

4 Was soll ich bloß tun? Machen Sie Vorschläge.

Tee geben – zum Arzt gehen – um Hilfe bitten – die Auskunft fragen

Lektion 9 Gestern und heute

A1 Natascha

1 a) Gestern oder heute? Hören Sie die Sätze und ordnen Sie sie den Bildern zu.

b) Lesen Sie die Sätze.

1. Gestern hat Natascha im Büro gearbeitet.
2. Heute arbeitet sie nicht. Sie hört Musik.
3. Gestern hat sie ein T-Shirt und eine Jeansjacke gekauft.
4. Heute kauft sie auf dem Markt Lebensmittel.
5. Gestern Abend hat sie ihre Eltern besucht.
6. Heute Abend kocht sie mit einer Freundin.
7. Gestern hat Natascha mit einem Freund in Hamburg telefoniert.
8. Heute schreibt sie ihrer Tante in Kiew einen Brief.
9. Gestern hat sie vom Urlaub geträumt.
10. Heute sucht sie in der Zeitung Reiseangebote.

c) Machen Sie eine Tabelle und ordnen Sie die Sätze in gestern und heute.

gestern	heute
Gestern hat Natascha im Büro gearbeitet.	Heute ...

2 Präsens und Perfekt

a) Ergänzen Sie die Sätze.

Infinitiv: kaufen ☞ 99

Präsens Heute _____ sie auf dem Markt Lebensmittel.
Perfekt Gestern _____ sie ein T-Shirt _____ .
                      haben   Partizip II

b) Suchen Sie im Text das Partizip II und ergänzen Sie.

Infinitiv	Partizip II
arbeiten	_____
träumen	_____
besuchen	_____
telefonieren	_____

Regelmäßige Verben bilden das Partizip II mit *ge-* vorn und *-(e)t* hinten. Untrennbare Verben (z.B. *besuchen*) und die meisten Verben mit der Endung *-ieren* (z.B. *telefonieren*) bilden das Partizip II ohne *ge-*. ☞ 100

3 Ergänzen Sie das Partizip II.

machen	*gemacht*	leben	_____
schicken	_____	hören	_____
diskutieren	_____	reparieren	_____
frühstücken	_____	kochen	_____
spielen	_____	beantragen	_____
antworten	_____	suchen	_____
lernen	_____	fragen	_____
reservieren	_____	wohnen	_____
kaufen	_____	bezahlen	_____
warten	_____	holen	_____

4 Schreiben Sie Sätze im Präsens und im Perfekt.

Beispiel: Ich – Vokabeln lernen → Ich lerne Vokabeln. / Gestern habe ich Vokabeln gelernt.

1. Kinder – Fußball spielen
2. Ich – ein Buch suchen
3. Susanne – Musik hören

4. Eva und Anna – das Auto reparieren
5. Wir – unseren Onkel besuchen
6. Yasemin – mit ihrer Mutter telefonieren

7. Er – eine Hose kaufen
8. Du – zu lange arbeiten
9. Sie – ein Picknick machen

5 Suchen Sie die Sätze im Präsens aus Aufgabe 1b) und schreiben Sie sie ins Perfekt.

Präsens	Perfekt	
Heute arbeitet sie nicht.	Gestern hat sie nicht gearbeitet.	sie schreibt — sie hat geschrieben

6 Was haben Sie gestern gemacht? Schreiben Sie mindestens drei Sätze und erzählen Sie im Kurs.

A2 Wie war dein Wochenende?

1 a) Hören und lesen Sie den Dialog.

Marion: Wie war dein Wochenende?
Julia: Oh, sehr schön!
Marion: Was hast du gemacht?
Julia: Am Samstag war ich auf dem Flohmarkt. Ich habe eine Lampe gekauft. Dann war ich mit Andrea im Café. Am Sonntag hatte ich Besuch von Paul und Firas. Katja war leider nicht da. Sie war krank und hatte Fieber. Wir haben lange Karten gespielt. Und du, was hast du gemacht?

b) Unterstreichen Sie im Dialog die Verbformen von *sein* und *haben* im Präteritum und ergänzen Sie die Tabelle.

☞ 101

Infinitiv	Präsens	Präteritum
sein	ich bin	ich _war_
	du bist	du warst
	er/sie/es ist	er/sie/es _war_
	wir sind	wir waren
	ihr seid	ihr wart
	sie sind	sie waren
haben	ich habe	ich _hatte_
	du hast	du hattest
	er/sie/es hat	er/sie/es _hatast_
	wir haben	wir hatten
	ihr habt	ihr hattet
	sie haben	sie hatten

Man spricht über die Vergangenheit im Perfekt. Ausnahmen sind die Verben *sein* und *haben*. Sie benutzt man meistens im Präteritum.

2 a) Was antwortet Marion auf die Frage von Julia? Sammeln Sie mit Ihrem Partner / Ihrer Partnerin Ideen und schreiben Sie die Sätze in Ihr Heft.

Am Samstag war ich um 9 Uhr ...
Um 11 Uhr war ich ... und habe ... gekauft.
Die Kinder waren ...
Abends ...
Am Sonntag war ich morgens ...
Nachmittags ...

b) Hören Sie den Dialog weiter. Was hat Marion gemacht? Ergänzen Sie die Sätze in Aufgabe a).

A3 Eine Überraschung

1 Das sind Natascha und Boris. Sehen Sie sich die Bilder an und erzählen Sie.

Geschirr abwaschen – besuchen – im Lotto gewinnen – Kuchen essen und Tee trinken – einen Spaziergang machen – den Autoschlüssel suchen

> Natascha wäscht Geschirr ab.

2 Lesen Sie die E-Mail von Natascha und unterstreichen Sie die Perfektformen.

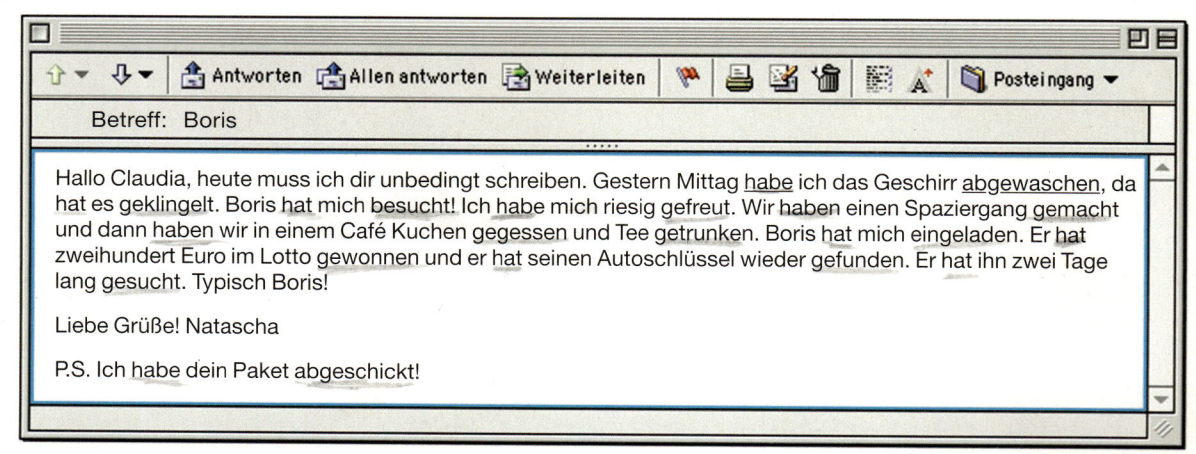

Betreff: Boris

Hallo Claudia, heute muss ich dir unbedingt schreiben. Gestern Mittag habe ich das Geschirr abgewaschen, da hat es geklingelt. Boris hat mich besucht! Ich habe mich riesig gefreut. Wir haben einen Spaziergang gemacht und dann haben wir in einem Café Kuchen gegessen und Tee getrunken. Boris hat mich eingeladen. Er hat zweihundert Euro im Lotto gewonnen und er hat seinen Autoschlüssel wieder gefunden. Er hat ihn zwei Tage lang gesucht. Typisch Boris!

Liebe Grüße! Natascha

P.S. Ich habe dein Paket abgeschickt!

3 Das Partizip II der unregelmäßigen Verben. Lesen Sie das Beispiel und ergänzen Sie die Regel.

Infinitiv: nehmen	
Präsens	Ich nehme das Buch.
Perfekt	Ich habe das Buch gen**omm**en.

Das Partizip II der unregelmäßigen Verben hat die Endung ___en___. ☞ 100
Oft ändert sich auch der Stammvokal. (n**e**hmen → gen**o**mmen)

4 Sehen Sie sich noch einmal die Regel für die trennbaren Verben in ☞ 1a 105
Lektion 4 an. Was passiert mit dem Verb im Partizip II? Markieren Sie. ☞ 100

abholen **an**fangen
Natascha holt das Paket ab. Der Film fängt um 21 Uhr an.
Natascha hat das Paket abgeholt. Der Film hat um 21 Uhr angefangen.

5 Suchen Sie in der E-Mail alle Partizip-II-Formen der unregelmäßigen und trennbaren Verben. Notieren Sie die Infinitive.

6 Beantworten Sie die Fragen.

Beispiel: + Hast du schon gefrühstückt?
– Ja, ich habe schon gefrühstückt. – Nein, ich habe noch nicht gefrühstückt.

1. Hast du das Buch gelesen?
2. Habt ihr schon die Vokabeln gelernt?
3. Hast du das Paket abgeholt?
4. Haben Sie Ihre Freunde besucht?
5. Habt ihr schon für das Wochenende eingekauft?
6. Hast du den Weg zu uns sofort gefunden?
7. Hat Maria schon den Brief an das Arbeitsamt abgeschickt?

7 Schreiben Sie Sätze im Perfekt.

Beispiel: im Mai – eine Reise – machen – Pjotr → Pjotr hat im Mai eine Reise gemacht.

1. nicht – ich – zuhören
2. gestern – er – fernsehen
3. zu viel – du – trinken – Kaffee
4. einkaufen – gestern Nachmittag – ihr
5. Herr und Frau Yüksul – finden – eine Wohnung
6. am Sonntag – Sabrina – mit Mahmud – einen Spaziergang machen
7. arbeiten – Herr Yildirim – in der Autowerkstatt
8. mit unseren Kindern – eine Stunde – telefonieren – wir – gestern

B Unterwegs

1 Lesen Sie die Postkarte und hören Sie die Nachricht auf dem Anrufbeantworter.
Zu welchem Foto passen sie? Erklären Sie, warum.

Liebe Anja,

ich bin mit den Kindern bei meinem Bruder in Hamburg. Heute scheint die Sonne. Gestern war das Wetter leider schlecht.
Es hat geregnet und wir sind zu Hause geblieben. Wir haben lange Karten gespielt. Heute Morgen hat der Regen endlich aufgehört und wir sind früh aufgestanden. Wir sind auf den Fischmarkt gegangen und jetzt machen wir einen Ausflug an die Elbe.

Liebe Grüße
Verona

Hallo Clemens, wir können am Samstag leider nicht zum Fußballspiel gehen. Gestern Abend hatte ich einen Unfall, jemand ist auf den Lkw gefahren. Es ist zum Glück nicht viel passiert. Nur zwei Lampen sind kaputt gegangen. Die Autobahnpolizei ist gekommen und ich habe den Chef angerufen. Ich kann leider erst morgen weiterfahren und komme erst am Sonntag zurück. Schade! Tschüs! Ich rufe wieder an. Bernd

2 a) Lesen Sie die Postkarte noch einmal und beantworten Sie die Fragen.

1. Wo ist Verona?
2. Wie war das Wetter gestern und wie ist das Wetter heute?
3. Was hat sie mit Ihrer Familie schon gemacht?

b) Hören Sie die Nachricht von Bernd noch einmal und beantworten Sie die Fragen.

1. Was ist Bernd von Beruf?
2. Warum kann er mit Clemens nicht zum Fußballspiel gehen?

3 a) Markieren Sie die Perfektsätze in den Texten.

b) Machen Sie eine Tabelle im Heft und ordnen Sie die Verben zu. Notieren Sie den Infinitiv und die Perfektformen.

Perfekt mit sein	Perfekt mit haben
bleiben – wir sind geblieben	spielen – wir haben gespielt

> **Die Verben der Bewegung (z.B. *fahren, gehen* …) bilden das Perfekt mit *sein* und Partizip II. Auch die Verben *sein*, *bleiben* und *passieren* bilden das Perfekt mit *sein*.** ☞ 101

4 Ergänzen Sie *sein* und das Partizip II.

1. Wir ___sind___ gestern Abend zu Hause ___geblieben___. (bleiben)
2. Er _____ mit seinem Lkw nach Bochum _____. (fahren)
3. Wann _____ du nach Hause _____? (gehen)
4. Ich _____ gestern in Hamburg _____. (ankommen)
5. Gestern _____ sie (Pl.) spät _____. (aufstehen)
6. Am Wochenende _____ mein Onkel zu Besuch _____. (kommen)

5 Fragen und antworten Sie im Kurs. Was haben Sie gestern gemacht?

zu Hause mit der Familie bei Freunden	gekocht gegessen gespielt fern gesehen Tee getrunken lange geredet	in den Park nach Hause ins Kino in die Schule zu Freunden zu meiner Familie	gegangen gefahren
früh spät pünktlich	aufgestanden angekommen abgefahren	auf dem Markt im Supermarkt beim Bäcker	… gekauft eingekauft

Beispiel:
+ Was hast du gestern gemacht?
– Gestern bin ich zu Freunden gegangen. Wir haben Tee getrunken und lange geredet. Die Kinder haben gespielt.

6 Schreiben Sie einen Brief oder eine E-Mail und erzählen Sie, was Sie letztes Wochenende gemacht haben. 🔊 92/93

Am Samstag bin ich früh aufgestanden. Ich habe eingekauft und die Wohnung aufgeräumt. Dann …

C Ahmed Yildirim

1 Ahmed Yildirim erzählt über sein Leben. Lesen Sie den Text.

Mein Name ist Ahmed Yildirim. Ich bin 1960 in der Türkei in Izmir geboren. Die Stadt liegt in der Westtürkei und hat ungefähr 3 Mio. Einwohner. Dort habe ich 20 Jahre gelebt und meinen Beruf (Automechaniker) gelernt. 1980 bin ich nach Istanbul umgezogen.

Mein Vater war Postbote und meine Mutter Hausfrau. Ich habe sechs Geschwister: drei Schwestern und drei Brüder. Meine Eltern sind leider schon gestorben. In Istanbul habe ich 1983 meine Frau Sakine kennen gelernt. Sie hat zuerst Kunst studiert und hat dann als Erzieherin gearbeitet. 1985 haben wir geheiratet, ich war damals 25 und Sakine 21 Jahre alt.

Ich bin 1986 nach Deutschland gekommen und habe zuerst bei Opel in Rüsselsheim am Fließband gearbeitet. 1988 haben wir unseren Sohn Mahmud bekommen. 1995 habe ich meine Arbeit verloren und wir sind nach Berlin umgezogen. Sakine arbeitet seit einem Monat in einem deutsch-türkischen Kindergarten. Mahmud besucht das Gymnasium. Wir wohnen in der Naumannstraße. Ich habe hier in Berlin in einer kleinen Autowerkstatt als Automechaniker gearbeitet. Mein Chef ist in Rente gegangen und hat die Werkstatt geschlossen. Im Moment bin ich arbeitslos und suche Arbeit. Aber gute Automechaniker braucht man immer. In meiner Freizeit spiele ich gerne Fußball und Backgammon.

2 Was ist richtig, was ist falsch?
Korrigieren Sie die falschen Aussagen.

richtig falsch

1. Ahmed Yildirim ist in Istanbul geboren.
2. Er ist Koch von Beruf.
3. Er hat seine Frau 1983 kennen gelernt.
4. Seine Frau Sakine ist Erzieherin.
5. Er hat bei VW in Wolfsburg gearbeitet.
6. Ahmed und Sakine haben einen Sohn.
7. Ahmed hat bei Opel gekündigt.
8. Er hat in Berlin in einer kleinen Autowerkstatt gearbeitet.
9. Ahmed ist arbeitslos, denn sein Chef hat die Werkstatt geschlossen.
10. Ahmed spielt gerne Basketball.

3 Lesen Sie den Text noch einmal. Suchen Sie sich drei Stichwörter aus und erzählen Sie.

geboren – Heimatstadt – Umzug – Beruf der Eltern – Geschwister –
Heirat – Kinder – Ausbildung – Beruf – arbeitslos – Wohnung – Hobbys

Ahmed Yildirim ist 1960 geboren.

4 Sehen Sie sich die Fotos an und suchen Sie eins aus. Sammeln Sie mit Ihrem Partner / Ihrer Partnerin Ideen zur Biografie und schreiben Sie einen kleinen Text. Die Stichwörter in Aufgabe 3 helfen Ihnen.

Naïma Douimba    Carlos Ruiz    Abdellah Sahli    Margret Becker

5 Interviewen Sie Ihren Partner / Ihre Partnerin und schreiben Sie ein kleines Porträt.

Wann und wo bist du geboren?
Was sind deine Eltern von Beruf?
Wann hast du geheiratet?

Lektion 9: Alles klar?

1 Wie heißt das Partizip II? Machen Sie eine Tabelle in Ihrem Heft.

hören – antworten – abwaschen – besuchen – einkaufen – kommen – arbeiten – telefonieren – abschicken – suchen – essen – passieren – aufstehen – fragen – bleiben – trinken – gehen

ge...(e)t	...ge...t	...ge...en	...t	ge...en
gehört				

2 Schreiben Sie die Sätze im Präsens.

Beispiel: Maria und ich sind spät nach Hause gekommen.
Maria und ich kommen spät nach Hause.

1. Natascha hat lange im Büro gearbeitet.
2. Was haben Sie am Wochenende gemacht?
3. Ich habe das Geschirr abgewaschen.
4. Es hat geklingelt und ich habe aufgemacht.
5. Es hat geregnet und ich bin zu Haus geblieben.
6. Ich habe meine Freundin angerufen.
7. Ich bin ins Kino gegangen.
8. Wir sind nach Köln gefahren.

3 Schreiben Sie den Text in der Vergangenheit.

Heute ist Samstag. Susanne schläft lange und steht um 10 Uhr auf. Sie frühstückt und wäscht das Geschirr ab. Dann räumt sie die Wohnung auf und kauft auf dem Markt Obst und Gemüse ein. Sie liest ein Buch und telefoniert mit ihren Eltern. Abends besucht sie eine Freundin. Sie kochen zusammen und gehen ins Kino.

Gestern war Samstag. Susanne hat lange geschlafen und ist um 10 Uhr aufgestanden.

4 Was hat Anna gestern gemacht? Ordnen Sie die Bilder und schreiben Sie zu jedem Bild einen Satz.

Gestern hat Anna ein Buch gelesen. Ana hat Mittag esen gekoch

Sie hat das Miteg esen mit Freudin gegesen

5 *haben* oder *sein*? Ergänzen Sie.

1. Am Wochenende _____ wir ans Meer gefahren.
2. Sie _____ ihrer Tante eine Postkarte geschickt.
3. Wann _____ ihr nach Deutschland zurückgekommen?
4. Firaz _____ im Libanon geboren.
5. Natascha _____ lange mit einer Freundin in Leipzig telefoniert.
6. Wir _____ zusammen gekocht und _____ dann auf dem Balkon gegessen.
7. Er _____ spät aufgestanden und _____ im Café gefrühstückt.
8. Gestern _____ ich zu Haus geblieben. Für eine Wanderung war es zu kalt.

extra 3 Meine Stadt (II)

A Wie komme ich zum Bahnhof?

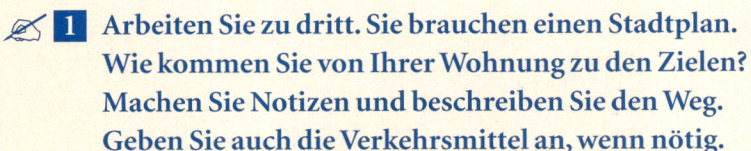

1 Arbeiten Sie zu dritt. Sie brauchen einen Stadtplan. Wie kommen Sie von Ihrer Wohnung zu den Zielen? Machen Sie Notizen und beschreiben Sie den Weg. Geben Sie auch die Verkehrsmittel an, wenn nötig.

1. zur Sprachschule
2. zum Rathaus/Bürgerbüro
3. zum Bahnhof
4. zum Supermarkt

Ich wohne in der …
Zuerst muss man nach …, dann …
Dort ist eine Haltestelle / ein U-Bahnhof.
Man muss mit … fahren.
Man fährt von … bis …
Dann geht man …
Zuletzt …

die erste/zweite/dritte Straße …
links   rechts   geradeaus
bis zur Kreuzung   links/rechts abbiegen
gegenüber von …   man geht über die …

B Wie sieht es denn hier aus?

1 In der Küche ist alles durcheinander. Suchen Sie die Sachen und sagen Sie Ihrem Partner / Ihrer Partnerin, wo sie sind.

der Topf
die Nudeln
die Bananen
das Glas
die Cola
die Milch
die Joghurtbecher
die Tomaten
das Kochbuch
die CDs
das Kind

Der Käse ist **im** Brotkorb.

in   unter
neben
zwischen   auf

2 Räumen Sie auf. Jeder/Jede sagt einen Satz.

Der Käse kommt **in den** Kühlschrank.

C Das Traumspiel

1 Ahmed Yildirim und Doreen Marks träumen.
Sehen Sie sich die die Bilder an und erzählen Sie.

1. Auto gewinnen 
2. gegen Bäckerei fahren 
3. überall Kuchen / sein

1. im Lotto gewinnen
2. ein Haus kaufen 
3. Schlüssel verlieren 

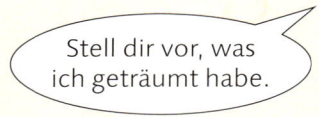

2 Sie sind Ahmed oder Doreen.
Erzählen Sie den Traum.

> Stell dir vor, was ich geträumt habe.

> Ich habe ein …

> Es war …

D Projekt: Am Wochenende in Ihrer Stadt

1 Was machen die Menschen am Wochenende?
Wo sind sie? Machen Sie eine Liste.

Supermarkt, Fußgängerzone, Bahnhof, Park, …

2 Bilden Sie Gruppen (3–4 Personen). Jede Gruppe wählt einen Ort
und macht dort Notizen. Vielleicht können
Sie auch Fotos machen?

*Eis essen / Kaffee trinken
einkaufen
ein Paar geht spazieren
Kinder spielen Ball*

3 Was haben die Menschen gemacht?

a) Schreiben Sie Sätze auf ein Plakat. Erzählen Sie im Kurs.

Beispiele: Zwei Frauen haben auf der Straße Eis gegessen.
Zwei Männer haben im Park Zeitung gelesen.

b) Was machen die Menschen in Ihrer Heimat am Wochenende? Erzählen Sie.

Lektion 10 Im Kaufhaus

A1 Vor dem Kaufhaus

Bildbeschriftungen: der Pullover, das Hemd, das Jackett, der Mantel, (die) Socken, die Hose, (die) Schuhe

1
a) Sehen Sie sich das Bild an und schreiben Sie die Wörter in Ihr Heft. Ergänzen Sie den Plural. Die Wortliste auf Seite 106 hilft Ihnen.

b) Hören Sie zu. Markieren Sie den Wortakzent und sprechen Sie die Wörter nach.

2
a) Ein Kettenspiel. Jeder/jede gibt eine Antwort.

– Was kann man in dem Geschäft kaufen?
– Man kann ein Kleid kaufen.
– Man kann Socken kaufen.

b) Ein Farbenspiel. Fangen Sie den Ball und sagen Sie einen Satz.

– Die Hose ist schwarz.

3 Hören Sie den Dialog und machen Sie Notizen. Was brauchen Herr und Frau Brodsky?

4 Sehen Sie sich das Bild noch einmal an. Was brauchen Sie?
Warum brauchen Sie es? Erzählen Sie im Kurs.

> Ich brauche eine Jacke.
> Meine Jacke ist …

> Meine Kinder brauchen immer Socken.

| schon alt   kaputt |
| sieht langweilig aus |
| zu klein |

die Jacke
die Bluse
der Rock
das T-Shirt
das Kleid

5 a) Ergänzen Sie die Regel.

Nominativergänzung	Adjektiv im Nominativ
Der Pullover ist blau. →	Gefällt dir der blau**e** Pullover?
Die Hose ist schwarz. →	Gefällt dir die schwarz**e** Hose?
Das Hemd ist weiß. →	Gefällt dir das weiß**e** Hemd?
Die Schuhe sind braun. →	Gefallen dir die braun**en** Schuhe?

**Nach dem bestimmten Artikel hat das Adjektiv im
Nominativ Singular immer die Endung _____ .
Im Plural ist die Endung: _____ .**

b) Fragen Sie sich gegenseitig und antworten Sie.

> Gefällt dir die schwarze Hose?

> Nein, ich finde sie furchtbar!

> Ja, sie gefällt mir.

gefallen ist ein Verb
mit Dativ:
mir gefällt + Nominativ
dir gefällt
ihm/ihr gefällt

Lektion 10   neunundvierzig   **49**

A2 Im Kaufhaus

1 a) Sehen Sie sich die Bilder an und lesen Sie die Sätze. Markieren Sie die Endungen wie in Bild 1.

Bild 1: Welch**er** Pullover gefällt dir? – Der grüne.
Bild 2: Welch**e** Hose gefällt dir? – Ich weiß nicht.
Bild 3: Und welch**es** Hemd gefällt dir? – Gar keins!

b) Ergänzen Sie die Endungen.

+ Welch**er** Rock gefällt dir? – D**er** blaue.
+ Welch**e** Bluse gefällt dir? – Di**e** weiße.
+ Welch**es** Kleid gefällt dir? – Da**s** rote.
+ Welch**e** Schuhe gefallen dir? – Di**e** schwarzen.

Lerntipp: Das Fragepronomen *welch-* hat den gleichen letzten Buchstaben wie der bestimmte Artikel.

2 Fragen und antworten Sie wie im Beispiel.

Beispiel:
der Mantel – grau/blau

+ Welcher Mantel gefällt dir?
– Der blaue.

1. der Pullover – gelb/rot
2. das Auto – schnell/groß
3. die Hose – schwarz/bunt 
4. die Brille – hell/dunkel 
5. der Schal – lang/kurz 

Lerntipp: Nach einer Frage mit *welcher, welche, welches* kann ich sagen *keiner, keine, keins,* aber niemals *einer, eine, eins!*

3 **Hören und lesen Sie den Dialog und beantworten Sie die Fragen.**

Frau Brodsky: Was ist jetzt: Wie gefällt dir der Rock?
Herr Brodsky: Die Farbe gefällt mir nicht. Nimm doch lieber den braunen Rock.
Frau Brodsky: Ach nein, der ist doch langweilig.
Herr Brodsky: Dann nimm den roten. Aber entscheide dich bitte!
Frau Brodsky: Hast du denn schon alles?
Herr Brodsky: Klar! Ich habe den grauen Pullover und das weiße Hemd hier ausgesucht. Wie findest du es? Und eine schwarze Hose, ein Schnäppchen für nur 25,99!
Frau Brodsky: Prima. Und was ist mit dem Mantel?
Herr Brodsky: Ich habe keinen gefunden. Die Mäntel hier sind mir zu teuer. Jetzt sag schon! Welchen Rock nimmst du: den roten oder den braunen?
Frau Brodsky: Also gut. Ich kaufe die gelbe Bluse und den roten Rock.

1. Was kauft Frau Brodsky?
2. Herr Brodsky hat drei Sachen ausgesucht. Welche Farben haben sie?
3. Kauft Herr Brodsky einen Mantel?
4. Was ist ein Schnäppchen?

4 a) Lesen Sie den Dialog noch einmal. Ergänzen Sie die Sätze.

Nominativ		Akkusativ
der rote Rock	→	Ich kaufe _den roten_ Rock.
die gelbe Bluse	→	Ich kaufe _die gelbe_ Bluse.
das weiße Hemd	→	Ich nehme _das weiße_ Hemd.
die braunen Schuhe	→	Ich kaufe die braun**en** Schuhe.

b) Sehen Sie sich noch einmal die Aufgabe 2 an. Schreiben Sie Sätze wie im Beispiel.

Beispiel: + Welch**en** Mantel nimmst du?
– Ich nehme den dick**en** Mantel.

Verben mit Akkusativ:
brauchen, nehmen, kaufen, mögen (möchten)

c) Ergänzen Sie die Sätze.

1. Ich nehme das _weiße_ Kleid (weiß) und die _schwarze_ Jacke (schwarz).
2. + Welche Hose gefällt dir? – Ich möchte die _blaue_ Hose (blau).
3. Wir kaufen die _braunen_ Schuhe (braun) und das _graue_ Hemd (grau).
4. + Hier, deine Jacke. – Ich brauche den _warmen_ Mantel (warm). Es ist kalt draußen.
5. + Warum kaufst du das _grüne_ T-Shirt (grün) nicht? – Ich mag Grün nicht.

5 Sie gehen zu zweit einkaufen. Schreiben Sie einen Dialog und spielen Sie ihn im Kurs.

Gefällt dir … Nimm doch … Was kaufst du …

B1 Was kaufen Sie?

1 Hören Sie zu. Ordnen Sie die Namen den Fotos zu. Wo kaufen die Leute ein?

☐ Karin
☐ Ursula
☐ Thomas
☐ Irma

1 im Second-Hand-Laden
2 aus dem Katalog
3 im Kaufhaus
4 auf dem Flohmarkt

2 Was und wo kaufen Sie ein? Was ist Ihnen wichtig? Erzählen Sie im Kurs.

– Ich gebe (zu) viel/wenig/kein Geld für Kleidung aus.
– Ich gehe oft/selten/nie ins Kaufhaus.
– Ich bekomme viele Sachen von Verwandten/Freunden.
– Qualität und Preis müssen stimmen.
– Die Sachen müssen neu/modern/praktisch/bequem sein.

3 Lesen Sie den Dialog und beantworten Sie die Fragen.

Sabrina: Da bist du ja, Mama. Ich habe schon gewartet. Gibt es bald Essen?
Doreen: Gleich. Ich war beim Sommer-Schluss-verkauf. Sieh mal, den Pulli habe ich dir mitgebracht. Wie findest du ihn?
Sabrina: Der sieht gut aus! Hoffentlich passt er auch. Ich ziehe ihn gleich mal an.
Doreen: Genau deine Größe! Er steht dir wirklich gut.
Sabrina: War er teuer?
Doreen: Nein, er hat nur 18,99 gekostet … und für 40 Euro habe ich diese Schuhe gefunden. Sind sie nicht toll?
Sabrina: Klasse! Sag mal, welche Größe hast du eigentlich?
Doreen: 38 – warum?
Sabrina: Prima, dann kann ich sie ja auch tragen. Leihst du sie mir mal?
Doreen: Nein, das möchte ich nicht … Oh, hallo Michael. Ich habe dir auch etwas mitgebracht. Du hast dir doch immer eine schwarze Jeans gewünscht.
Michael: Toll! Zeig mal. – Aber Mama, die ist ja viel zu klein!

Doreen: Was? 164, das ist doch deine Größe …?
Michael: Das war meine Größe. Jetzt brauche ich mindestens eine 176!
Doreen: Oh je, hoffentlich können wir sie umtauschen …

1. Wo war Frau Marks?
2. Was hat sie eingekauft?
3. Welche Schuhgröße hat Frau Marks? Und Sabrina?
4. Warum will Michael die Jeans nicht?

4   a) Markieren Sie im Dialog alle Wörter zum Thema Kleider kaufen. Machen Sie ein Wörternetz.

Größe — *anziehen*
Kleider kaufen
Sommer-Schlussverkauf — *teuer*

b) Ergänzen Sie die Eigenschaften aus dem Text.

Der Pulli …	Die Schuhe …	Die Jeans …
ist schön.	haben 40 Euro …	
steht dir gut.		

5   Ergänzen Sie das Pronomen im Dativ. Kontrollieren Sie mit der CD.

1. + Die Jacke steht ____ wirklich gut! Kannst du sie ____ mal leihen?
   – Ich schenke sie ____ . Sie passt ____ nicht mehr.
2. + Ulli sieht aber komisch aus. – Ja, der Pullover passt ____ nicht.
3. + Maria sieht heute sehr schön aus. – Das Kleid steht ____ gut.

Verben mit Dativ:
gefallen, passen, stehen, leihen, schenken

6   Sehen Sie sich die Bilder an. Schreiben Sie passende Sätze.

Die Jacken		zu groß.
Der Mantel	ist (ihr/ihm)	zu klein.
Die Hose	sind	nicht.
Das Kleid	steht ihr/ihm	billig.
Das Hemd	passt (ihr/ihm)	gut.
Der Pullover		teuer.

B2 Auf Schnäppchenjagd

1 Lesen Sie die Anzeige. Kreuzen Sie an: Richtig oder falsch?

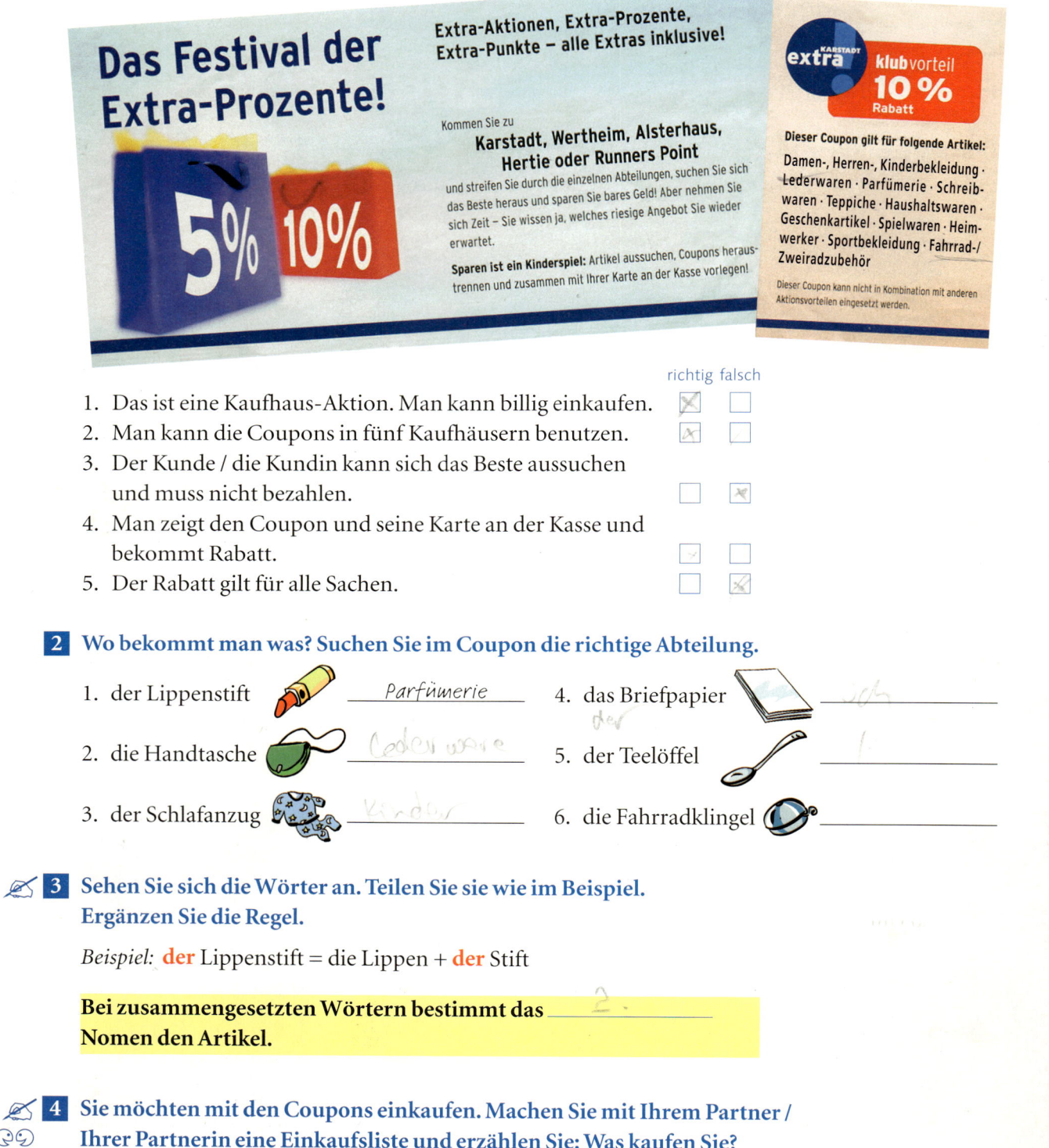

Das Festival der Extra-Prozente!
5% 10%

Extra-Aktionen, Extra-Prozente, Extra-Punkte – alle Extras inklusive!

Kommen Sie zu **Karstadt, Wertheim, Alsterhaus, Hertie oder Runners Point** und streifen Sie durch die einzelnen Abteilungen, suchen Sie sich das Beste heraus und sparen Sie bares Geld! Aber nehmen Sie sich Zeit – Sie wissen ja, welches riesige Angebot Sie wieder erwartet.

Sparen ist ein Kinderspiel: Artikel aussuchen, Coupons heraustrennen und zusammen mit Ihrer Karte an der Kasse vorlegen!

extra klubvorteil 10% Rabatt

Dieser Coupon gilt für folgende Artikel:
Damen-, Herren-, Kinderbekleidung · Lederwaren · Parfümerie · Schreibwaren · Teppiche · Haushaltswaren · Geschenkartikel · Spielwaren · Heimwerker · Sportbekleidung · Fahrrad-/Zweiradzubehör

Dieser Coupon kann nicht in Kombination mit anderen Aktionsvorteilen eingesetzt werden.

	richtig	falsch
1. Das ist eine Kaufhaus-Aktion. Man kann billig einkaufen.	✗	☐
2. Man kann die Coupons in fünf Kaufhäusern benutzen.	✗	☐
3. Der Kunde / die Kundin kann sich das Beste aussuchen und muss nicht bezahlen.	☐	✗
4. Man zeigt den Coupon und seine Karte an der Kasse und bekommt Rabatt.	✗	☐
5. Der Rabatt gilt für alle Sachen.	☐	✗

2 Wo bekommt man was? Suchen Sie im Coupon die richtige Abteilung.

1. der Lippenstift — Parfümerie
2. die Handtasche — Lederware
3. der Schlafanzug — Kinder
4. das Briefpapier — _____
5. der Teelöffel — _____
6. die Fahrradklingel — _____

3 Sehen Sie sich die Wörter an. Teilen Sie sie wie im Beispiel. Ergänzen Sie die Regel.

Beispiel: **der** Lippenstift = die Lippen + **der** Stift

Bei zusammengesetzten Wörtern bestimmt das ___2.___ Nomen den Artikel.

4 Sie möchten mit den Coupons einkaufen. Machen Sie mit Ihrem Partner / Ihrer Partnerin eine Einkaufsliste und erzählen Sie: Was kaufen Sie?

C Entschuldigung, wo finde ich …?

1 Was sagen die Verkäuferinnen? Ordnen Sie zu.

- a ☐ Wie lange haben Sie geöffnet?
- b ☐ Ach bitte, wo kann ich das bezahlen?
- e ☐ Entschuldigung, ich suche Wintermäntel.
- c ☐ Wo finde ich Computerspiele?
- d ☐ Haben Sie die auch in 40?
- f ☐ Ich hätte diesen Pullover gern in Schwarz.
- g ☐ Danke, ich möchte mich nur umsehen.

1. Kann ich Ihnen helfen?
2. In der Multimedia-Abteilung im vierten Stock.
3. Tut mir Leid, den gibt es nur in Rot.
4. Die Kasse ist dort hinten rechts.
5. Größe 40? Da muss ich nachsehen. Einen Moment, bitte.
6. Bis 20 Uhr.
7. Wintermäntel? Wir haben im Erdgeschoss viele Angebote. Oder in der Herrenabteilung im zweiten Stock – gegenüber der Rolltreppe.

▸ Viele Länder haben unterschiedliche Größenangaben. Einige Geschäfte in Deutschland geben amerikanische Größen an:

Deutschland	36–38	40–42	44–46	
USA	S	M	L	
England	8–10	12–14	16–18	
Frankreich	38	40–42	44–46	
Japan	9	11–13	15–17	

Die Größenangabe bei der Kinderkleidung richtet sich nach der Körpergröße: Babys von 50–104; Kinder von 128–176.

2 a) Hören Sie die Dialoge.

b) Hören Sie die Dialoge noch einmal und ordnen Sie die Fotos den Sätzen zu. 93

- [ ] Nein, das ist 39.
- [ ] Danke.
- [ ] Die Umkleidekabinen finden Sie dort hinten rechts.
- [1] Entschuldigung, können Sie mir helfen?
- [ ] Genau! Die gleiche Farbe. Danke schön.
- [ ] Ich habe eigentlich 38. Haben Sie die Schuhe auch in 38?
- [ ] Ja, vielleicht. Die Schuhe hier sind in Größe 6? Ist das Größe 38?
- [ ] Ich möchte die Bluse anprobieren und suche die Umkleidekabinen.
- [ ] Ja, was kann ich für Sie tun?
- [2] Kann ich Ihnen helfen?
- [ ] Moment … Hier, Größe 38. Die gleiche Farbe?

c) Schreiben Sie die Dialoge ins Heft. Kontrollieren Sie mit der CD.

3 Sie sind der Kunde / die Kundin. Was fragen Sie?

Beispiel: Sie suchen einen Pullover für Ihre Tochter.
→ Entschuldigung, wo finde ich die Kinderabteilung?

1. Sie suchen ein Geschenk. Ihr Freund kocht gerne.
2. Sie möchten eine Hose anprobieren.
3. Sie möchten wissen, was die Bluse kostet, aber das Schild fehlt.
4. Sie möchten bezahlen und finden die Kasse nicht.
5. Sie haben eine Jacke gefunden, aber die Farbe gefällt Ihnen nicht.
6. Sie haben die richtigen Schuhe gefunden, aber sie sind zu groß.

D Was nehmen Sie mit?

die Hausschuhe
der Anzug und die Krawatte
die Sonnenbrille
der Gürtel
das Abendkleid
die Handschuhe
der Hosenanzug
die Regenjacke
die Stiefel

1 Sehen Sie sich die Collage an. Wählen Sie eine Situation aus und sagen Sie, was Sie mitnehmen.

1. Sie fahren zu Ihrer Schwester. Sie heiratet.
2. Sie haben ein Bewerbungsgespräch.
3. Sie besuchen Verwandte in Schweden. Es ist Winter.

Ich nehme den schwarzen Anzug mit.

Lektion 10 Alles klar?

1 Ergänzen Sie die Farbadjektive (Nominativ).

1. Gefallen dir die _____ Schuhe?
2. Der _____ Hund läuft über die Straße!
3. Die _____ Jacke ist kaputt.
4. Sieh mal, die _____ Haare sehen lustig aus.
5. Da steht das _____ Fahrrad. Der Postbote ist da.

2 Ergänzen Sie die Sätze.

1. + *Welchen* _____ Rock soll ich nehmen?
   – *Den* _____ oder _____ _____ ?
   + Nimm, doch _____ _____ .
2. Ich kaufe _____ _____ Pullover nicht. Grau steht mir nicht.
3. Hast du _____ Schuhe gesehen? Ich finde sie nicht.
4. + _____ Kleid soll ich heute Abend anziehen?
   – Nimm _____ _____ Kleid. Das passt immer.
5. Weißt du, _____ Pullover du mitnimmst? Den dicken oder den dünnen?

3 Notieren Sie die Nomen. Bilden Sie Wörter wie im Beispiel.

Beispiele: die Tasche + das Tuch = das Taschentuch
die Notiz + der Block = der Notizblock

4 Zwei Freunde/Freundinnen gehen einkaufen. Schreiben Sie einen Einkaufsdialog. Die Dialoggrafik hilft Ihnen.

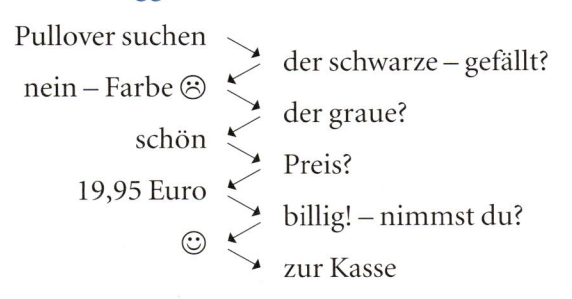

Pullover suchen → der schwarze – gefällt?
nein – Farbe ☹ → der graue?
schön → Preis?
19,95 Euro → billig! – nimmst du?
☺ → zur Kasse

5 Verkaufsgespräche. Wählen Sie eine Situation aus und schreiben Sie einen Dialog zwischen Verkäufer/Verkäuferin und Kunde/Kundin.

1. Sie sehen ein Jackett / eine Jacke in Ihrer Lieblingsfarbe. Es ist aber nicht Ihre Größe. Fragen Sie nach einem Jackett / einer Jacke in Ihrer Größe. Der/die Verkäufer/Verkäuferin hilft Ihnen.

2. Sie haben eine Jeans gefunden. Sie suchen die Umkleidekabinen. Dann fragen Sie den/die Verkäufer/Verkäuferin: Passt die Hose?

3. Sie suchen Schuhe. Der/die Verkäufer/Verkäuferin beginnt das Gespräch: „Kann ich Ihnen helfen?" Sie suchen zusammen und finden etwas. Sie wollen zahlen.

6 Ein Spiel: Kofferpacken. Wer etwas vergisst, muss aufhören. Wer übrig bleibt, gewinnt!

Ich packe meinen Koffer und nehme eine Hose mit.

Ich packe meinen Koffer und nehme eine Hose und meinen Teddy mit.

Ich packe meinen Koffer und nehme eine Hose, meinen Teddy und eine CD mit.

Lektion 11 — In Deutschland unterwegs

A1 Das Wetter

1 Ordnen Sie die Fotos den Jahreszeiten zu.

- [4] der Frühling
- [3] der Sommer
- [2] der Herbst
- [1] der Winter

2 a) Welche Bilder passen zu den Sätzen? Ordnen Sie zu.

1. der Regen
2. der Schnee
3. die Sonne
4. das Gewitter
5. der Wind
6. der Sturm
7. die Wolken

- [ ] Es schneit.
- [3] Die Sonne scheint.
- [1] Es regnet.
- [7] Es ist bewölkt.
- [ ] Es ist heiß.
- [5] Es ist windig.
- [1] Es ist nass.
- [3] Es ist warm.
- [2] Es ist kalt.
- [6] Es ist stürmisch.

b) Beschreiben Sie das Wetter auf den Fotos in Aufgabe 1.

☞ 104

3 Erzählen Sie: Wie ist das Wetter heute? Wie war es gestern?

Gestern hat es geregnet.

Heute ist es warm.

4 Sehen Sie sich die Wetterkarte an. Stellen Sie sich gegenseitig Fragen und antworten Sie.

Wie ist das Wetter in Lissabon?

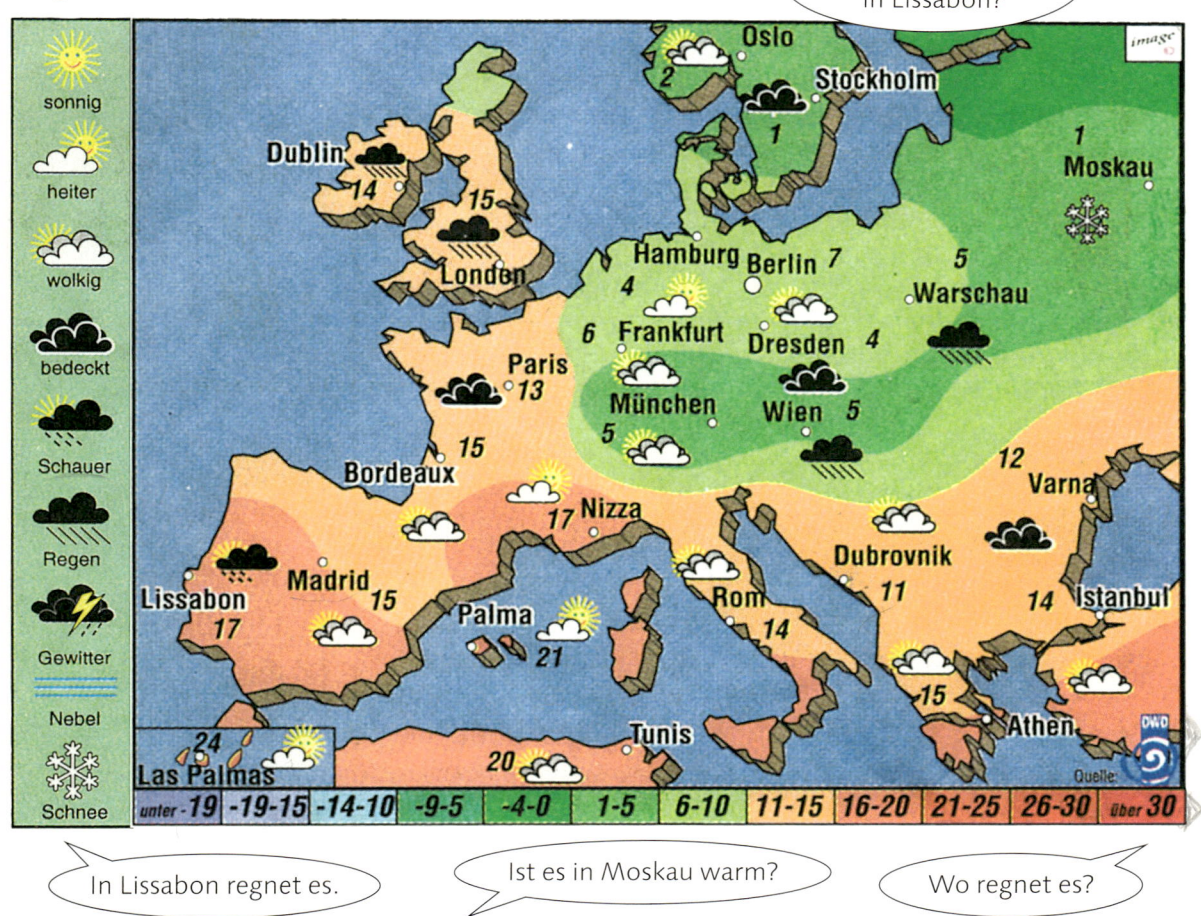

In Lissabon regnet es.

Ist es in Moskau warm?

Wo regnet es?

5 Hören Sie den Wetterbericht für Deutschland und beantworten Sie die Fragen.

1. Wie ist das Wetter abends im Westen?
   - ☒ Die Sonne scheint.
   - ☐ Es schneit.

2. Wie ist das Wetter im Osten und Norden?
   - ☐ Es ist heiß.
   - ☒ Es ist windig.

3. Welche Höchsttemperaturen gibt es im Süden und Norden?
   - ☒ Im Süden 28 Grad.
   - ☐ Im Norden 25 Grad.

4. Wie sind die Aussichten für Mittwoch und Donnerstag?
   - ☒ Es ist bewölkt.
   - ☐ Es ist stürmisch.

6 Was ist Ihr Lieblingswetter? Welches Wetter mögen Sie nicht? Erzählen Sie im Kurs.

Ich mag Sonne.

Ich finde Schnee schön.

Regen mag ich nicht.

A2 Vergleiche

1 a) Sehen Sie sich das Auslandswetter an und lesen Sie die Sätze.

In Hongkong ist es sonnig.
In Antalya ist es wärmer **als** in Ankara.
In Lagos ist es **genauso** heiß **wie** in Buenos Aires.
In Kiew ist es **nicht so** kalt **wie** in Moskau.

AUSLANDSWETTER vom 15.1.

Europa		Las Palmas	19° w	Stockholm	4° w	Lateinamerika		Nairobi	26° h	Peking	1° h
		Lissabon	6° h	St. Petersburg	−10° S			Tunis	14° w	Seoul	−7° h
Amsterdam	7° h	Locarno	5° h	Venedig	5° s	Bogota	20° h			Shanghai	6° h
Athen	12° s	London	10° R	Warschau	4° R	Buenos Aires	31° h	**Naher Osten**		Singapur	32° h
Barcelona	12° h	Madrid	5° s	Wien	7° h	Caracas	31° h			Tokio	5° h
Belgrad	8° h	Mailand	8° s	Zürich	3° w	Havanna	28° w	Ankara	1° w		
Bordeaux	8° h	Malaga	14° h			La Paz	13° w	Antalya	12° h	**Australien/**	
Bozen	6° s	Mallorca	14° h	**Nordamerika**		Lima	25° h	Dubai	22° w	**Ozeanien**	
Brüssel	5° h	Marbella	14° h			Mexico-Stadt	11° w	Ríad	22° s		
Budapest	8° h	Moskau	1° b	Atlanta	13° h	Rio de Janeiro	24° h	Teheran	9° s	Adelaide	22° h
Bukarest	3° w	Neapel	13° s	Chicago	−8° w	Santiago (Ch.)	30° h	Tel Aviv	16° w	Melbourne	18° w
Dublin	7° h	Nizza	13° h	Denver	9° w					Sydney	26° h
Dubrovnik	12° h	Oslo	4° w	Houston	7° b	**Afrika**		**Asien**		Wellington	15° h
Edinburgh	7° h	Ostende	7° w	Los Angeles	13° w						
Faro	13° s	Palermo	13° s	Miami	19° w	Algier	6° w	Bangkok	30° h	s = sonnig, h = heiter,
Helsinki	−7° S	Paris	5° h	Montreal	−19° h	Casablanca	13° s	Bombay	33° h	w = wolkig,
Innsbruck	0° h	Prag	4° b	New York	−3° w	Dakar	22° s	Colombo	30° h	G = Gewitter,
Istanbul	7° w	Riga	3° b	San Francisco	13° G	Johannesburg	28° w	Hongkong	20° s	b = bedeckt, R = Regen,
Kiew	5° w	Rom	6° s	Toronto	−8° h	Kairo	17° w	Jakarta	32° h	Rs = Regenschauer,
Kopenhagen	5° b	Salzburg	5° h	Vancouver	9° w	Kapstadt	25° h	Manila	26° b	S = Schnee
Larnaka	15° h	Sofia	6° h	Washington	1° b	Lagos	31° Rs	Neu Delhi	15° s		

b) Unterstreichen Sie die Adjektive in Aufgabe a) und ergänzen Sie die Tabelle. ☞ 104

	Adjektiv		**+ Umlaut**	
Grundform	sonnig	heiß	w**a**rm	kalt
Komparativ + als	sonnig**er**	heiß**er**	wärmer	k**ä**lt**er**

2 a) Ergänzen Sie die Sätze.

1. In Singapur ist es ___32°___ .
2. In Bogota ist es __20° heißer__ __10°__ in London.
3. In Bangkok ist es __30° heißer__ __26°__ in Manila.
4. In Sofia ist es __6° kälter__ __12°__ in Athen.
5. In Dubai ist es __22° genauso__ __wie__ __22°__ in Dakar.
6. In St. Petersburg ist es __−10°__ .

b) Vergleichen Sie weitere Städte. Schreiben Sie mindestens sechs Sätze. ◉ 94

3 Sehen Sie sich noch einmal die Wetterkarte auf Seite 61 an und stellen Sie sich gegenseitig Fragen.

- Wo ist es wärmer? In Bangkok oder in Lagos?
- Wo ist es wärmer als in …?
- Wo ist es nicht so kalt wie in …?

A3 Herr Griesgram

Herr Griesgram macht eine Reise und ist mit nichts zufrieden.

a) Ordnen Sie die Bilder den Sätzen zu.

1. ☐ Das Hotel ist nicht gut.
2. ☐ Ihm ist zu heiß.
3. ☐ Der Sitz ist zu klein.
4. ☐ Das Buch ist langweilig.
5. ☐ Die Nachbarn sind zu laut.
6. ☐ Die Berge sind zu hoch.
7. ☐ Das Essen schmeckt nicht gut.
8. ☐ Die Fahrkarte ist zu teuer.

gut ≠ schlecht

b) Auch Frau Mecker ist unzufrieden. Schreiben Sie Sätze wie im Beispiel.

Beispiel: Mein Hotel ist noch viel schlechter.

Einige Adjektive haben unregelmäßige Formen im Komparativ.
gut – besser, gern – lieber, viel – mehr, hoch – höher, teuer – teurer

B Besuch von Onkel Bülent

1 Hören Sie den Dialog und beantworten Sie die Fragen.

1. Wer ist Bülent Yildirim?
2. Was macht er in Berlin?
3. Wie lange war er nicht in Berlin?
4. Was erzählt er über Istanbul?

2 a) Lesen Sie den Dialog.

Der Onkel von Ahmed Yildirim heißt Bülent Yildirim. Er ist Kaufmann und lebt in Istanbul. Früher hat er ein paar Jahre in Deutschland gelebt und gearbeitet. Jetzt ist er zu Besuch nach Berlin gekommen. Familie Yildirim hat deshalb ihre Nachbarn zum Abendessen eingeladen.

Thomas Marks: Guten Tag, Herr Yildirim. Ihr Bruder hat mir schon viel von Ihnen erzählt.
Bülent Yildirim: Sie dürfen ihm aber nicht alles glauben!
Thomas Marks: Wie lange waren Sie nicht in Berlin?
Bülent Yildirim: Ich glaube, neun Jahre. Eine lange Zeit. Vieles ist heute anders.
Ludmila Brodsky: Haben Sie sich die Stadt schon angesehen?
Bülent Yildirim: Ja, Ahmed hat mir viel von Berlin gezeigt. Heute ist Berlin moderner als früher. Und hektischer. Aber Istanbul ist ja noch viel hektischer als Berlin.
Sergej Brodsky: Istanbul ist doch auch größer als Berlin, oder?
Bülent Yildirim: Oh ja, die Stadt hat viel mehr Einwohner. Und das Leben ist nicht so … wie sagt man … geregelt. Es ist viel chaotischer. Aber ich liebe die Stadt!
Doreen Marks: Also, ich möchte auf jeden Fall einmal nach Istanbul.
Bülent Yildirim: Oh, dann müssen Sie uns besuchen. Ich zeige Ihnen die Stadt: die Bazare, den Bosporus und natürlich die Hagia Sophia.
Michael Marks: Papa, was ist die Hagia Sophia?

b) Onkel Bülent vergleicht Berlin mit Istanbul. Was sind die Unterschiede zwischen den Städten? Schreiben Sie Sätze.

Berlin ist … Istanbul ist noch viel hektischer …

3 Beschreiben Sie Ihre Heimatstadt und vergleichen Sie sie mit der deutschen Stadt, in der Sie jetzt leben.

a) Sammeln Sie Adjektive zu beiden Städten.

b) Erzählen Sie im Kurs. Die Beispiele helfen Ihnen.

Beispiel: Meine Heimatstadt ist größer/wärmer/lauter/… als …
Hier ist das Leben nicht so chaotisch wie … Die Menschen sind …

C Der Superlativ

1 Schreiben Sie Sätze wie im Beispiel.

Beispiel: Das Auto ist schnell. Der Zug ist schneller. Das Flugzeug ist am schnellsten.

1. Welche Stadt ist am größten?

   Berlin: 3,35 Mio. Einwohner    Frankfurt a. M.: 644 000 Einwohner    München: 1,2 Mio. Einwohner

2. Welcher Fluss ist am längsten?

   der Rhein: 1320 km    die Elbe: 1165 km    die Donau: 2858 km

3. Welcher Berg ist am höchsten?

   der Brocken: 1142 m    die Zugspitze: 2963 m    der Feldberg: 1493 m

2 Ergänzen Sie.

groß	größer	
lang		
alt		am ältesten
klein		
warm		
jung		

Ausnahmen:

hoch	höher	
viel	mehr	am meisten
gern	lieber	am liebsten
gut	besser	am besten
oft	öfter	am häufigsten
teuer	teurer	am teuersten

3 Interview in der Klasse.   ☞ 105

a) **Schreiben Sie mit Ihrem Partner / Ihrer Partnerin Fragen wie im Beispiel.**

Beispiel: Was isst du am liebsten? Welche Musik hörst du am häufigsten?
Welche Stadt in deiner Heimat ist am größten?

b) **Fragen Sie sich gegenseitig im Kurs und antworten Sie.**

Lektion 11   fünfundsechzig   **65**

D Landschaften und Leute

1 Ordnen Sie jedem Foto den passenden Begriff zu.

- 3 das Meer
- 1 die Berge
- 2 Leben auf dem Dorf

2 Lesen Sie die Texte 1 bis 3. Welche Landschaft passt zu welcher Person?

Text 1: Mein Name ist Steffi Wasmeier. Ich lebe in Oberstdorf im Allgäu. Das liegt im Süden von Deutschland an der Grenze zu Österreich. Ich liebe die Berge, die vielen Wälder und Wiesen.
Im Sommer arbeite ich mit meinem Mann Michael auf einer Alm. Wir machen Käse. Von Mai bis September leben wir mit unseren Tieren, 18 Kühen, fünf Hühnern und einem Pferd, auf dem Berg. Im Winter kommen die Touristen und ich bin bis April in Oberstdorf Skilehrerin. Ich mag beide Berufe und möchte nie anders leben.

Text 2: Ich heiße Franziska Bursian und komme aus Magdeburg. Seit 1997 lebe ich in Brodowin in Brandenburg. Das Dorf liegt 80 Kilometer nordöstlich von Berlin an der Grenze zu Polen. Die Gegend ist schon lange ein Naturschutzgebiet. Ich arbeite im Öko-Dorf Brodowin als Bäuerin. Wir produzieren und verkaufen ökologische Lebensmittel – Gemüse, Milchprodukte, Fleisch. Die meisten Waren verkaufen wir in Berlin.

Text 3: Karl Veddersen ist mein Name, aber alle nennen mich „Kalle". Ich bin in Lütjenburg geboren und seit siebzehn Jahren Fischer auf der Nordseeinsel Borkum. Meine Frau ist hier geboren. Wir haben eine Pension, „Haus Seeblick". Im Sommer kommen viele Feriengäste mit ihren Kindern zu uns, da haben wir das Haus voll. Unsere Tochter hilft uns im Restaurant und serviert hausgemachten Matjes. Das ist eine Fischspezialität in Norddeutschland. Der Fisch kommt von mir, das Rezept von meiner Frau. Wir sind ein Familienbetrieb. Allein vom Fischen können wir nicht leben.

3 Lesen Sie die Texte noch einmal und beantworten Sie die Fragen.

Text 1:
1. Wo liegt Oberstdorf?
2. Wie heißt der Mann von Steffi Wasmeier?
3. Welche Tiere leben auf der Alm?
4. Was macht Frau Wasmeier im Winter?

Text 2:
1. Wo liegt Brodowin?
2. Was ist Frau Bursian von Beruf?
3. Was produziert und verkauft man in Brodowin?

Text 3:
1. Was ist Borkum?
2. Was ist Herr Veddersen von Beruf?
3. Wer kommt im Sommer?
4. Welche Spezialität gibt es in der Pension?

▶ Im Internet finden Sie weitere Informationen zu den Orten und Regionen:
www.oberstdorf.de
www.brodowin.de
www.borkum.de

4 a) Machen Sie eine Tabelle in Ihrem Heft und sammeln Sie zu jeder Region / zu jedem Ort Informationen aus dem Text.

Oberstdorf	Brodowin	Borkum
im Süden von Deutschland		

b) Welche Region / welchen Ort möchten Sie gern kennen lernen? Warum?

Beispiel: Ich möchte an die Nordsee. Ich war noch nie am Meer und schwimme gern.

wandern    Ski fahren    schwimmen    reiten    angeln    Fahrrad fahren

5 Stellen Sie eine Region / einen Ort in Ihrem Heimatland vor.

Lektion 11 siebenundsechzig **67**

E Ein Tag mit dem Zugbegleiter Markus Haller

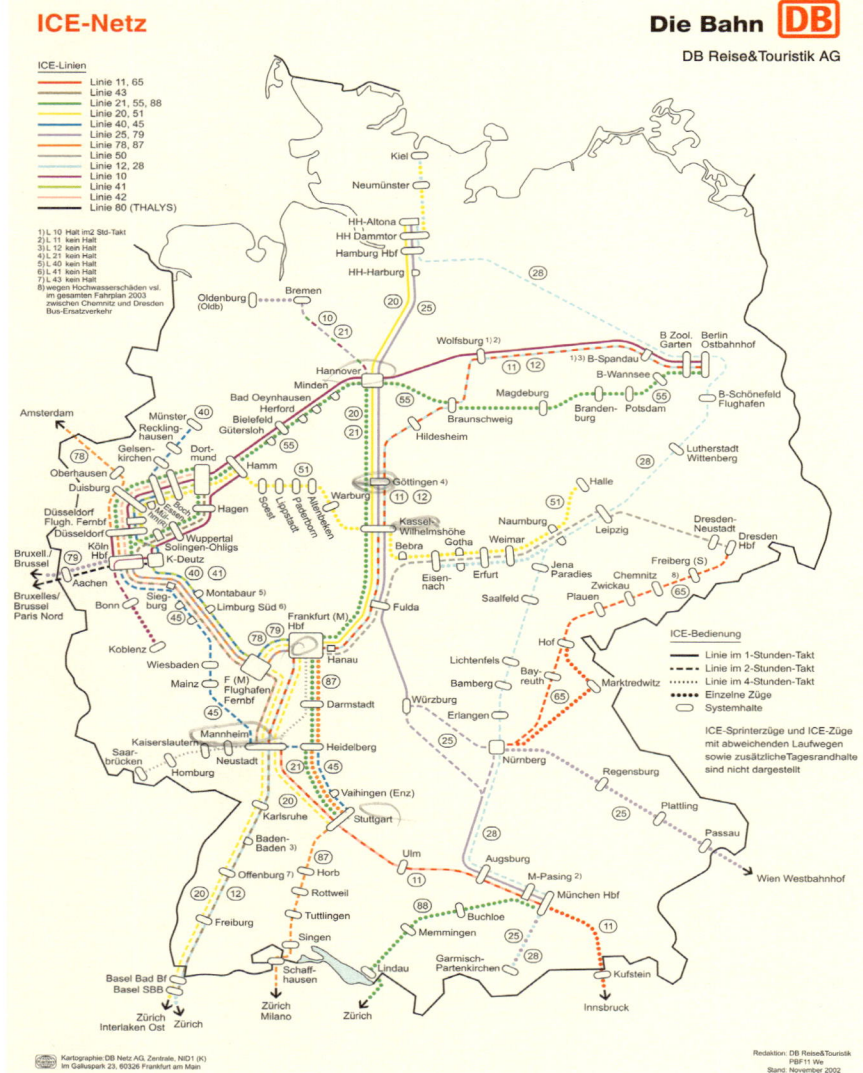

1

Markus Haller beginnt heute seine Arbeit um 6 Uhr. Er ist Zugbegleiter und fährt von Hannover nach Stuttgart und wieder zurück.

a) **Suchen Sie auf der Karte Hannover und Stuttgart.**

b) **Hören Sie die Zugansage und markieren Sie, in welchen Städten der Zug hält.**

c) **Wann fährt der Zug los?**

2 Bei seiner Arbeit kommt Herr Haller mit vielen Menschen ins Gespräch.

a) Sehen Sie sich die Bilder an und hören Sie die Dialoge.

68 achtundsechzig Lektion 11

Dialog 1:

- [6] Moment, da muss ich schauen. … Wir kommen in Mannheim um 9.54 Uhr an. Die nächste Verbindung nach Kaiserslautern geht um 9.57 Uhr ab Gleis 8.
- [3] Aber sicher! Womit kann ich Ihnen helfen?
- [7] Vielen Dank.
- [2] Bitte sehr! Ach! Darf ich Sie kurz noch etwas fragen?
- [1] Ist in Göttingen noch jemand zugestiegen? In Göttingen …? Sie sind zugestiegen? Dann Ihre Fahrkarte, bitte.
- [4] Ich möchte von Mannheim weiter nach Kaiserslautern. Wann kann ich weiterfahren?

Dialog 2:

- [4] Hier ist der Wagen 24, Wagen 25 ist gleich nebenan. Ich bringe Sie hin.
- [1] Mein Platz ist leider besetzt!
- [3] Ja, hier. Wagen 25, Platz 73.
- [5] Oh, Entschuldigung. Und vielen Dank!
- [2] Darf ich einmal Ihre Reservierung sehen?

b) **Hören Sie die Dialoge noch einmal und ordnen Sie sie. Kontrollieren Sie mit der CD.**

c) **Spielen Sie die Dialoge mit Ihrem Partner / Ihrer Partnerin.**

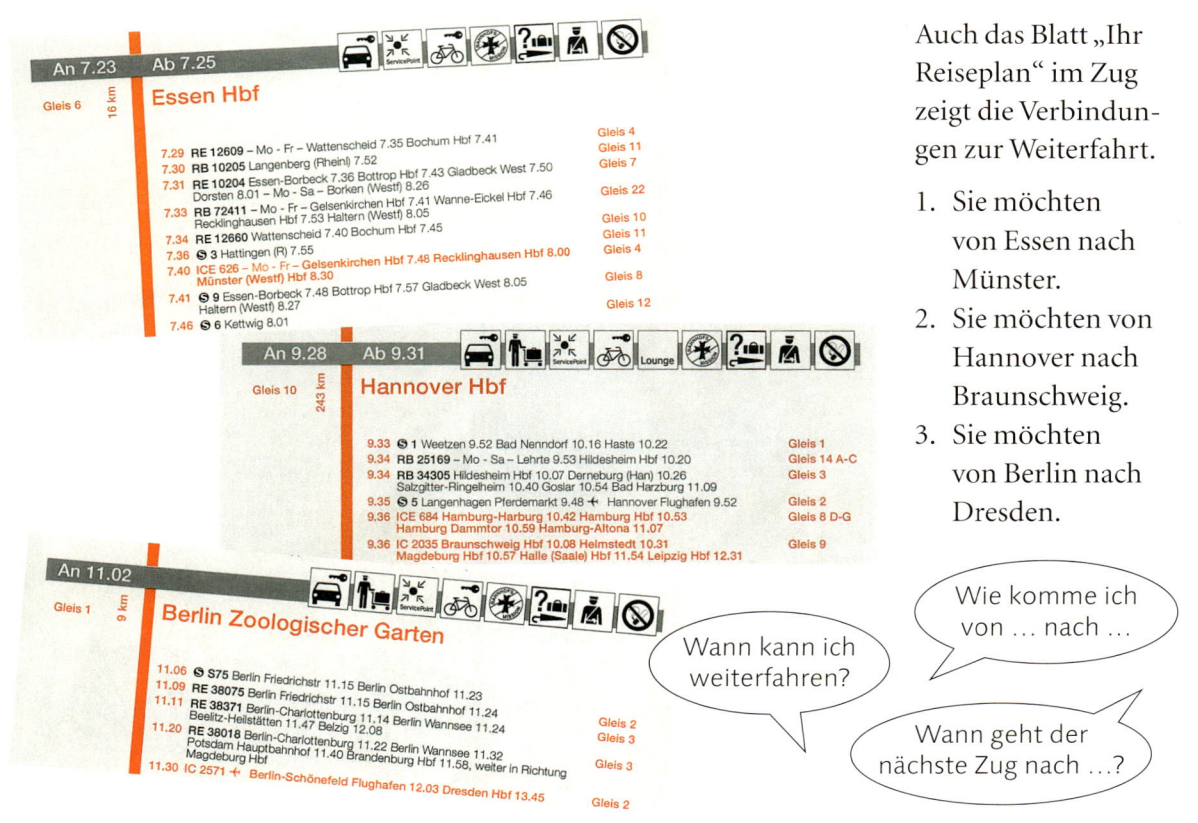

3 Informationen im Zug. Fragen Sie sich gegenseitig und antworten Sie. 95

Auch das Blatt „Ihr Reiseplan" im Zug zeigt die Verbindungen zur Weiterfahrt.

1. Sie möchten von Essen nach Münster.
2. Sie möchten von Hannover nach Braunschweig.
3. Sie möchten von Berlin nach Dresden.

Wann kann ich weiterfahren?

Wie komme ich von … nach …

Wann geht der nächste Zug nach …?

Lektion 11 Alles klar?

1 Sehen Sie sich die Wetterkarte an. Schreiben Sie mindestens sechs Fragen und Antworten.

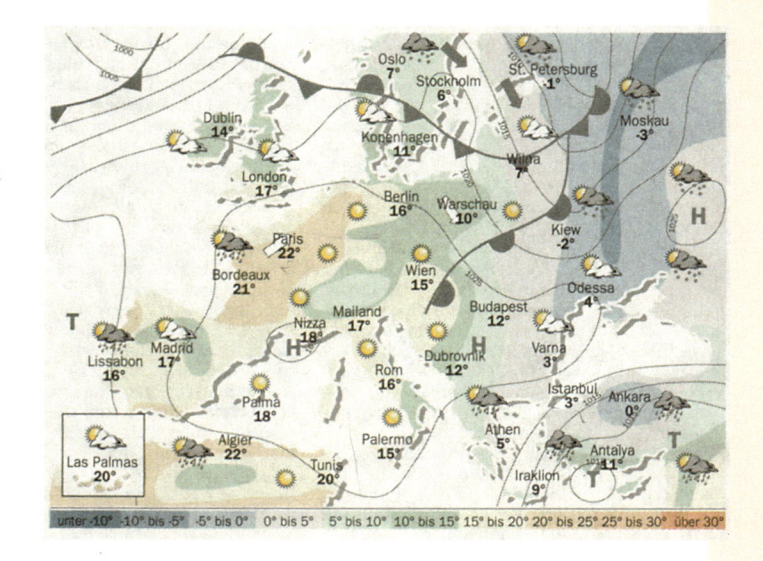

2 Vergleiche. Ergänzen Sie.

groß – viel – jung – kalt – gern

1. Moskau ist _größer_ als Berlin.
2. Sakine Yildirim ist vier Jahre _jünger_ als ihr Mann.
3. Kinder essen _lieber_ Schokolade als Brot.
4. Eine Tafel Schokolade kostet _mer_ als ein Kaugummi.
5. Im Winter ist es in Deutschland _kälter_ als im Sommer.

3 Vergleichen Sie. Manchmal gibt es mehrere Möglichkeiten.

das Gartenhaus

der Nordpol   die Wüste   das Mountainbike

70 siebzig   Lektion 11

4 Superlative. Wissen Sie es?

1. Welcher Berg ist am höchsten?
der Kilimandscharo / der Feldberg / der Mount Everest
Der _____ ist am höchsten.

2. Wo ist es am kältesten?
in Sankt Petersburg / in Alaska / auf dem Mond
_____

3. Wer ist am ältesten?
Mahmud Yildirim / Ahmed Yildirim / Bülent Yildirim
_____

4. Was trinken die Deutschen zum Frühstück am liebsten?
Bier / Milch / Kaffee
_____

5. In welcher Stadt ist es am wärmsten?
in Kiel / in Freiburg / in Frankfurt an der Oder
_____

6. Welches Land ist am kleinsten?
Österreich / die Schweiz / Deutschland
_____

5 a) Schreiben Sie zu jedem Adjektiv den Komparativ und Superlativ.

1. gut — besser — am besten
2. freundlich — freih —
3. arm —
4. billig — biliger — biligsten
5. viel —
6. jung — junger — jungsten
7. dick —
8. schön —

b) Suchen Sie sich drei Adjektive aus und schreiben Sie Sätze.

Ein T-Shirt ist billiger als ein Mantel.

Lektion 12 Zusammen leben

A1 Nur Probleme!?

1 a) Beschreiben Sie das Foto.

Rechts sind die Mülltonnen. Links stehen …

Bildbeschriftungen: die Hausnummer, der Müll, der Baum, die Mülltonne, der Hund, der Nachbar, die Mülltüte, der Hof

b) Machen Sie ein Lernplakat. Benutzen Sie drei Farben.

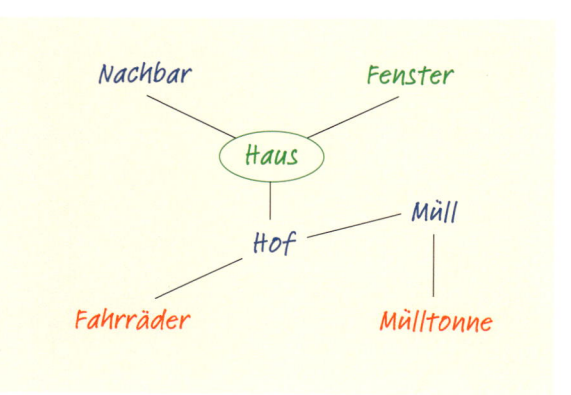

Nachbar — Fenster
Haus
Hof — Müll
Fahrräder — Mülltonne

der …
die …
das …

c) Schreiben Sie die Pluralformen in Ihr Heft. Die alphabetische Wortliste hilft Ihnen.

das Treppenh<u>au</u>s – die Treppenh<u>äu</u>ser

2 a) Ein Dialog zwischen Nachbarn. Hören Sie den ersten Teil. Was ist das Problem?

b) Hören Sie den Dialog noch einmal. Beantworten Sie die Fragen.
1. Wann kommt die Müllabfuhr?
2. Warum sind Herr Wagner und Herr Lischka unzufrieden?
3. Was wollen Herr Wagner und Herr Lischka tun?

3 a) Lesen Sie den Dialog. Sind Ihre Antworten richtig?

b) Leider fehlen einige Präpositionen. Ergänzen Sie sie und – wenn nötig – den Artikel.

☞ 1a 109
☞ 98

| auf | bei | in | mit | an | von |

in dem → im
an dem → am

Herr Wagner: Oh nein, die Tonnen sind ja schon wieder voll!
Herr Lischka: So ein Mist! Die Müllabfuhr kommt erst am Mittwoch wieder. Die Mülltonnen sind zu klein. Die Hausverwaltung muss etwas ändern.
Herr Wagner: Na, die Hausverwaltung macht nichts von allein. Der muss man erst Beine machen …
Herr Lischka: Wie bitte? Beine machen? Was heißt das?
Herr Wagner: Wir müssen etwas tun, z.B. einen Brief schreiben. Wir bezahlen schließlich jeden Monat Miete und Nebenkosten.
Herr Lischka: Und seit Januar zahlen wir sogar noch mehr, aber nichts funktioniert. Das Licht im Treppenhaus geht auch nicht.
Herr Wagner: Stimmt, das geht so nicht weiter … Ich bin übrigens Kurt Wagner. Ich wohne im 3. Stock, rechts.
Herr Lischka: Nikolai Lischka. Ich wohne mit meiner Familie im zweiten Stock.
Herr Wagner: Was meinen Sie, sollen wir zusammen einen Brief an die Hausverwaltung schreiben?
Herr Lischka: Das ist eine gute Idee!
Herr Wagner: Prima! Haben Sie morgen Abend Zeit?
Herr Lischka: Morgen so gegen sechs passt mir gut. Da komme ich von der Arbeit.
Herr Wagner: Gut. Klingeln Sie einfach bei mir, ich warte auf Sie. Bis morgen!
Herr Lischka: Bis morgen.

4 Markieren Sie alle Wörter zum Thema Haus und Nachbarn. Ergänzen Sie Ihr Lernplakat aus Aufgabe 1b).

▶ In Deutschland soll man den Müll getrennt sammeln. Dann kann man die Materialien wieder verwerten (recyceln). Das macht die Müllberge kleiner und spart Rohstoffe.

Gelbe Tonne → Verpackungen (aber kein Glas und Papier) mit dem ♻-Zeichen
Blaue Tonne → Altpapier (Zeitungen, Kartons etc.)
Altglascontainer → Flaschen etc. (aber keine Trinkgläser, keine Teller und Tassen)
Braune (grüne) Tonne → Biomüll (Küchenabfälle, Obst- und Gemüsereste)
Graue Tonne → alles andere

Weitere Informationen finden Sie unter www.saubermacher.at

5 Herr Wagner lernt Herrn Lischka im Hof kennen. Was gibt es noch für Möglichkeiten? Lesen Sie die Texte und ordnen Sie die Fotos zu.

1. Ich kenne meine Nachbarn kaum. Man grüßt im Treppenhaus und das war's. Das finde ich auch gut, ich will meine Ruhe haben. — e

2. Ich habe eine kleine Tochter und unter mir wohnt eine Familie mit zwei Kindern. Die Kinder spielen oft zusammen, so habe ich die Müllers kennen gelernt. Jetzt trinken wir manchmal einen Kaffee zusammen. — b

3. Letzten Sonntag habe ich einen Kuchen gebacken und hatte ein Ei zu wenig. Da habe ich einfach meine Nachbarin gefragt. Das ist eine nette alte Dame. — a

4. Bei uns im Haus gibt es jedes Jahr im Sommer ein Hoffest. Manche Nachbarn sind sehr nett, manche mag ich weniger. Aber wir kennen uns alle. — d

5. Ich kenne nur die junge Frau von gegenüber. Der Postbote gibt ihr meine Pakete, wenn ich nicht zu Hause bin. Ich nehme natürlich auch ihre Pakete. Das funktioniert ganz gut. — c

6 Kennen Sie Ihre Nachbarn? Wie haben Sie sie kennen gelernt?
Erzählen Sie im Kurs.

Ich kenne meine Nachbarn	gut.
	nicht gut.
	gar nicht.

Einmal habe ich …	… getroffen.
Wir haben …	… zusammen geredet.
Unsere Kinder …	… gespielt.

7 Welche Probleme können Mieter haben?

a) Ordnen Sie die Bilder den Begriffen zu.

6 Eine Mieterhöhung kommt.
4 Die Klingel geht nicht.
2 Die Zentralheizung ist kaputt.
1 Die Briefkästen sind kaputt.
3 Man hat einen Wasserschaden.
5 Der Fahrstuhl geht nicht.

b) Haben Sie Probleme mit Ihrer Wohnung in Deutschland?
Wie war es in Ihrer Heimat? Machen Sie Notizen.

Die Nachbarn: unfreundlich, betrunken, laut
Die Miete: zu hoch
Die Wände: feucht

c) Erzählen Sie im Kurs.

Meine Wohnung ist sehr feucht.

Wir hatten einen Nachbarn, der war oft betrunken.

Unsere Nachbarn haben einen Hund. Der ist sehr laut.

Bei mir war alles ok.

Lektion 12 fünfundsiebzig **75**

A2 Ein Brief an die Hausverwaltung

1 a) Wie schreibt man einen formellen Brief? Ordnen Sie zu.

3 Der Ort und das Datum stehen rechts.
1 Der Absender (Name und Adresse) steht oben links.
7 Am Ende stehen ein Gruß und die Unterschrift.
4 Hier sagt man, warum man den Brief schreibt.
5 Die Anrede beginnt mit „Sehr geehrte Frau … / Sehr geehrter Herr …"
2 Der Empfänger (Name und Adresse) steht unter dem Absender.
6 Nach der Anrede kommt der Text.

---

1 Nikolai Lischka /
Christian Wagner
Silberburgstraße 69
10967 Berlin

2 Hausverwaltung Wartemann
Frau Fröhlich
Kaiserdamm 47a
13284 Berlin

3 Berlin, den 18. April 2003

4 **Mülltonnen in der Silberburgstraße 69**

5 Sehr geehrte Frau Fröhlich,

6 wir haben ein Problem: Die Mülltonnen (die gelbe und die graue) sind immer voll. Einige Nachbarn stellen deshalb den Müll neben die Tonnen. Der Hof ist immer schmutzig und es riecht oft schlecht. Manchmal können wir die Fenster zum Hof nicht mehr aufmachen. Das ist für alle sehr ärgerlich.

Können Sie bitte größere Tonnen bei der Stadtreinigung bestellen?

Vielen Dank!

7 Mit freundlichen Grüßen

Nikolai Lischka   Christian Wagner

---

b) Herr Wagner und Herr Lischka machen einen Vorschlag. Welchen?

2 Ergänzen Sie den Brief.

1. Indira Licina
   Hauptst. 7
   73650 Winterbach

2. Hausverwaltung Mühsam
   Herr Ernst
   Rheinstraße 57
   53117 Bonn

3. Winterbach, den 22.1.'09

4. **Klingel kaputt**

5. Sehr _geehrter_ Herr Ernst,

6. wir haben folgendes Problem: Die Klingel ist seit Wochen kaputt. Der Postbote kann nicht ins Haus. Besucher müssen immer anrufen oder die Haustür ist immer auf.

   Das ist für _uns_ sehr _wichtig_.

   Können Sie die Klingel _möglichst_ bald reparieren?

   Vielen _Dank_!

7. Mit _freundlichen_ Grüßen
   Indira Licina

3 Suchen Sie sich ein Problem aus der Aufgabe 7a) oder b) auf der Seite 75 aus. Schreiben Sie mit Ihrem Partner / Ihrer Partnerin einen Brief. 95/96

B Auf dem Spielplatz

1 Sehen Sie sich das Bild an. Machen Sie Notizen und beschreiben Sie es.

die Bäume
der Spielplatz
der Sand
die Flasche
die Bank
trinken
die Mütter
sitzen
spielen
leer
Durst haben

2 a) Hören Sie den Dialog.

b) Welche Aussage ist richtig? Kreuzen Sie an.

☒ Text A:
Zwei Frauen sind auf einem Spielplatz. Sie kennen sich nicht. Ein Kind hat Durst und so fängt das Gespräch an. Sie reden über den Spielplatz und über den Kindergarten.

☐ Text B:
Zwei Frauen treffen sich auf einem Spielplatz. Sie sind Freundinnen. Beide haben ein Kind. Sie wohnen in der Nähe und reden über Sprachprobleme.

3 Lesen Sie den Dialog. Beantworten Sie die Fragen.

1. Warum spricht Renate mit Kouma?
2. Woher kommt Kouma?
3. Wie heißen die Kinder und wie alt sind sie?
4. Geht die Tochter von Renate in den Kindergarten?
5. Welche Sprache spricht der Sohn von Kouma?

78 achtundsiebzig **Lektion 12**

Anu: Maman, j'ai soif!
Kouma: Tut mir Leid, Anu, aber der Saft ist alle.
Renate: Entschuldigen Sie, aber ich habe noch Tee. Möchten Sie …?
Kouma: Das ist aber nett – gern. Hier nimm, Anu, und sag' „Danke"!
Anu: Danke.
Renate: Sind Sie oft hier?
Kouma: Ja, ich wohne ganz in der Nähe.
Renate: Ich auch. So ein Spielplatz in der Nähe ist wirklich praktisch. Übrigens, ich heiße Renate.
Kouma: Ich heiße Kouma.
Renate: Leben Sie schon lange hier?
Kouma: Seit fünf Jahren. Wir kommen aus Kamerun. Anu ist jetzt zweieinhalb Jahre alt. Dort hinten, ist das Ihre Tochter?
Renate: Ja, Nina ist drei. Ab August soll sie in den Kindergarten gehen. Ich möchte wieder arbeiten.
Kouma: Ich bin zu Hause. Aber mein Mann hat ein Geschäft und braucht meine Hilfe. Vielleicht suche ich auch einen Kindergartenplatz für Anu.
Renate: Das ist sicher gut. Er kann dort mit anderen Kindern spielen …
Kouma: … und dann muss er Deutsch sprechen. Wissen Sie, wir sprechen zu Hause Französisch und nur draußen Deutsch. Anu versteht viel, aber er spricht zu wenig Deutsch.
Renate: Wir gehen nächste Woche in den Kindergarten …

4 Wie geht es weiter? Sammeln Sie Ideen im Kurs.

Sie gehen zusammen …

Ein Kind fällt hin und …

Die Frauen trinken …

5 Hören Sie den Dialog weiter. Was haben Renate und Kouma wirklich gemacht?

6 Sie sind Kouma. Erzählen Sie die Geschichte. Schreiben Sie mindestens fünf Sätze. Benutzen Sie auch das Perfekt und das Präteritum.   ☞ 100/101

Gestern war ich auf dem Spielplatz. Anu hatte …
Ich habe eine Frau …
Sie hat ein Kind. Es …
Nina geht bald in …
Dann hat es geregnet und wir …

▶ **Kinderbetreuung in Deutschland**
Viele Kinder gehen mit drei Jahren halbtags (von 8 bis 12 Uhr) oder ganztags (bis ca. 17 Uhr) in den Kindergarten. Babys können in eine Krippe gehen. Man nennt Krippe und Kindergarten auch Kita (= Kindertagesstätte). In vielen Städten gibt es zu wenig Plätze oder nur eine Betreuung am Vormittag. Deshalb suchen viele Eltern eine Tagesmutter für ihr Kind. Eine Tagesmutter betreut andere Kinder und bekommt dafür Geld.

7 Wie ist das in Ihrer Heimat? Wer passt dort auf die Kinder auf? Vergleichen Sie. Die Redemittel unten helfen Ihnen.

> … ist besser/schlechter als … … im Alter von …
> … bleiben in der Familie, die Großmutter passt auf …
> … Kinder gehen früher/später in … … es gibt Gesetze …

C1 Der ist aber nett!

1 Sabrina und Mahmud reden über ihre Nachbarn. Hören Sie zu. Ordnen Sie die Adjektive in eine Tabelle.

Schau mal, da ist Björn. Der ist echt blöd!

Kennst du ihren Sohn? Der ist auch nett.

Da kommt Frau Meier, sie ist sehr sympathisch.

Quatsch. Er ist intelligent, und hübsch ist er auch.

Ich finde ihn dumm.

Du bist verliebt, oder?

Du bist doof! Ich mag ihn einfach.

☺	☹
sympathisch	blöd

2 a) Sehen Sie sich die Collage an. Kennen Sie die Personen?

**b) Wie finden Sie die Personen? Erzählen Sie im Kurs.
Benutzen Sie die Adjektive aus Aufgabe 1.**

Ich finde ihn/sie …	Ich mag … gern / nicht.
… ist mir (nicht) sympathisch.	… ist …

finden + Akk:
ich finde ihn … / sie …

3 Schreiben Sie Ihre eigene Liste.

☺	☹
mein Opa: sehr nett	mein Nachbar: unfreundlich

C2 Auf Wiedersehen!

1 Wie sagen Sie „Auf Wiedersehen"? Können Sie sagen, was das heißt?

Auf Wiedersehen!

Das heißt ungefähr: Hoffentlich sehen wir uns wieder!

Antio!

Zai jian!

Güle güle!
Allahaısmarladık!

Dasvi'danja!

Au revoir!

Es soll dir gut gehen.
Gehe in Frieden.
Gott schütze dich.
…

Maasalaama!

¡Adiós!

Good bye!

Lektion 12 einundachtzig **81**

Lektion 12 — Alles klar?

In Band 1 von *Pluspunkt Deutsch* haben Sie viele Menschen und Situationen kennen gelernt. Schauen Sie noch einmal zurück. Was können Sie schon? Was hat Ihnen besonders gefallen?

1 Hier finden Sie einige Fotos aus Band 1 von *Pluspunkt Deutsch*.
Suchen Sie sich fünf Bilder aus und erfinden Sie pro Bild eine Aufgabe.
Verteilen Sie die Aufgaben im Kurs.

Beispiele:

Was sagst du beim Arzt?

Schreibe einen Dialog zu Foto 11.

Stell dich vor.

Sag fünf passende Wörter.

Wie ist der Plural von …?

Wie ist deine Adresse?

Konjugiere …

Ergänze den Text.

Lektion 12 dreiundachtzig **83**

extra 4 Prüfungsvorbereitung

Niveaustufe A1 des Gemeinsamen Europäischen Referenzrahmens

Mit dem Test können Sie Ihre Deutschkenntnisse überprüfen. Der Test besteht aus vier Teilen: Hören, Lesen, Schreiben und Sprechen.

1 Hören

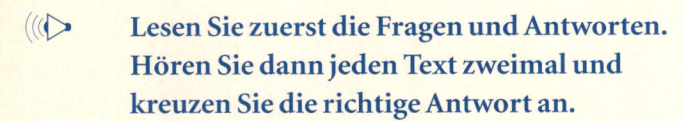

Lesen Sie zuerst die Fragen und Antworten. Hören Sie dann jeden Text zweimal und kreuzen Sie die richtige Antwort an.

1. Wann gehen Anja und Karin ins Kino?
   - [a] Am Freitag.
   - [x] Am Samstag.
   - [c] Am Sonntag.

2. Wann wollen die Männer Fußball spielen?
   - [a] Um halb eins.
   - [b] Um zwei.
   - [x] Um halb drei.

3. Wann beginnt der Deutschkurs?
   - [a] Um 13.00 Uhr.
   - [b] Um 13.15 Uhr.
   - [x] Um 13.45 Uhr.

4. Das Kilo Bananen kostet
   - [x] 1,29 €.
   - [b] 1,92 €.
   - [c] 1,99 €.

5. Wie viele Brüder hat Hassan?
   - [a] Einen.
   - [x] Zwei.
   - [c] Drei.

6. Wie teuer war die Jacke?
   - [x] 42,95 €.
   - [b] 24,95 €.
   - [c] 42,59 €.

7. Wann soll Frau Stark die Tabletten nehmen?
   - [a] Vor dem Frühstück und vor dem Mittagessen.
   - [b] Vor dem Frühstück und nach dem Abendessen.
   - [x] Vor dem Frühstück und vor dem Abendessen.

8. Der Mann muss an der Ampel
   - [a] geradeaus gehen.
   - [x] links abbiegen.
   - [c] bis zur Kreuzung gehen.

9. Was braucht der Mann?
   - [a] Einen Mantel und eine Jacke.
   - [b] Eine Hose und Schuhe.
   - [x] Einen Pullover und eine Jacke.

10. Was isst die Frau?
    - [a] Tomatensalat.
    - [x] Pizza.
    - [c] Spaghetti.

11. Wie kommt der Mann jetzt zum Deutschkurs?
    - [a] Mit dem Bus.
    - [b] Mit dem Fahrrad.
    - [x] Zu Fuß.

12. Was brauchen die Leute noch für das Grillfest?
    - [a] Kartoffeln.
    - [b] Salat.
    - [x] Brot.

13. Was haben Paula und ihre Schwester am Samstagnachmittag gemacht?
    - [a] Sie waren einkaufen.
    - [b] Sie waren im Kino.
    - [x] Sie waren im Zoo.

14. Anton möchte am Wochenende
    - [x] schwimmen.
    - [b] wandern.
    - [c] zu Hause bleiben.

15. Wie war das Wetter im Osten?
    - [a] Sonnig.
    - [x] Nass. ✓
    - [c] Bewölkt.

16. Woher kommt der ICE 611?
    - [a] Aus Ulm.
    - [b] Aus München.
    - [x] Aus Mannheim.

17. Wann kann man Dr. Mocker dienstags erreichen?
    - [a] Zwischen 11.00 und 19.00 Uhr.
    - [x] Zwischen 8.00 und 13.00 Uhr.
    - [c] Zwischen 8.00 und 12.00 Uhr.

18. Die Telefonnummer von Herrn Hosch ist
    - [a] 285 98 310.
    - [b] 285 89 310.
    - [c] 285 98 130.

19. Wo gehen Daniela und Klaus essen?
    - [x] In Erfurt.
    - [b] In Leipzig.
    - [c] In Jena.

20. Was ist in dem Kaufhaus heute billiger?
    - [x] Herrenmäntel.
    - [b] Kinderpullover.
    - [c] Herrenschuhe.

2 Lesen

Teil 1

Sind die Aussagen 1 bis 6 richtig oder falsch? Kreuzen Sie an.

Beispiel:
Peter Neubauer wohnt im 2. Stock.
[ ] richtig [X] falsch

1. Peter Neubauer wohnt noch nicht lange in dem Haus.
   [X] richtig [ ] falsch

2. Sie müssen etwas zu essen mitbringen.
   [ ] richtig [X] falsch

3. Herr Neubauer will Sie anrufen.
   [ ] richtig [X] falsch

Peter Neubauer – Bergerstraße 12, 3. Stock – 60316 Frankfurt

Frankfurt, 10. August 2003

Liebe Mieterinnen und Mieter,

wie Sie vielleicht wissen, wohne ich seit dem 1. August in Ihrem Haus. Ich möchte Sie gern kennen lernen und mache deshalb am 25. August eine Einweihungsparty.

Die Party beginnt um 20.00 Uhr. Sie können gern auch Freunde mitbringen. Es gibt viel zu essen. Wenn Sie möchten, können Sie noch etwas zu trinken mitbringen. Und natürlich Musik, dann können wir auch tanzen.

Sagen Sie mir bitte, ob Sie kommen können (kleine Nachricht in den Briefkasten) oder rufen Sie mich einfach an (Tel. 45 66 77).

Ich freue mich Sie kennen zu lernen.

Bis bald

Ihr Peter Neubauer

Sehr geehrte Frau Keller,

mein Sohn Peter kann heute und morgen leider nicht in die Schule kommen. Er hat starke Bauchschmerzen und auch etwas Fieber. Wir waren gestern beim Arzt und der Arzt hat gesagt, dass Peter bald wieder gesund ist, er muss aber noch zwei Tage im Bett bleiben.

Entschuldigen Sie bitte das Fehlen von Peter.

Mit freundlichen Grüßen

Ilona Kuhrmann

4. Peter ist morgen wieder gesund.
   ☐ richtig ☒ falsch

5. Peter hat kein Fieber.
   ☐ richtig ☒ falsch

6. Peter war schon beim Arzt.
   ☒ richtig ☐ falsch

Teil 2

**Lesen Sie die Texte und die Aufgaben 7 bis 11.
Welche Telefonnummer rufen Sie an? Kreuzen Sie an: a oder b?**

Beispiel:
Sie suchen einen neuen Tisch für Ihr Wohnzimmer.
Sie haben nicht viel Platz in Ihrem Wohnzimmer.
☒ Tel. 069/567799
☐ Tel. 0611/442887

Esstisch, fast neu, 1,20 m x 1,00 m
EURO 85,–, ☎ 069/567799

Schöner Tisch für 6 Personen billig zu verkaufen, 1,50 m x 1,30 m,
Telefon 0611/442887

7. Sie (Mann, Frau, 1 Kind) suchen eine 3-Zimmer-Wohnung.
   ☒ Tel. 089/8894566
   ☐ Tel. 089/4355788

3 Zi, Kü, Bad, ZH, kein Aufzug, sonnig, EURO 700 + NK
☎ 089/8894566

3 Zi, Kü, Bad, ZH, mit Aufzug, keine Kinder, ab sofort
EURO 650 + NK, ☎ 089/4355788

8. Sie möchten nächste Woche gern Tennis spielen, haben aber schon sehr viel vor. Sie können nur nachmittags.
   ☒ Tel. 06101/5678
   ☐ Tel. 06101/8834

Tennisclub Mühlberg
geöffnet: jeden Abend
☎ 06101/5678

Tennisclub Concordia
geöffnet: täglich
Tel. 06101/8834

9. Sie suchen ein billiges Fahrrad.
   - [a] Tel. 030/4465677
   - [b] Tel. 030/8995533

   Fahrrad, rot, 2 Jahre alt, 3 Gänge, für nur 60 EURO. ☎ 030/4465677

   Verkaufe: billigen Motorroller, 200 €, außerdem Fahrradtaschen, 30 € das Stück. ☎ 030/8995533

10. Sie suchen für Ihren Freund eine Arbeit. Ihr Freund kann nur am Wochenende arbeiten. Er hat keinen Führerschein.
    - [a] Tel. 06191/1355
    - [b] Tel. 06191/2430

    Fahrer/-in gesucht
    Samstags und sonntags, gute Bezahlung, einfache Arbeit. ☎ 06191/1355

    Gesucht: Mitarbeiter in der Großküche eines Restaurants, Bezahlung: 6 €/Stunde. Telefon: 06191/2430

11. Sie suchen eine Waschmaschine. Sie soll nicht mehr als 400 € kosten.
    - [a] Tel. 0170/6735309
    - [b] Tel. 0170/81244367

    SUPERANGEBOT!
    Küchenmöbel, Schränke und Stühle für unter 100 €. Spülmaschine (ökologisch), 2 Jahre alt, für nur 300 €. ☎ 0170/6735309

    SUPERANGEBOT!
    Verschiedene Haushaltsgeräte, u.a. auch Waschmaschinen und Spülmaschinen zum Preis von 200–600 EURO. ☎ 0170/81244367

Teil 3

Lesen Sie die Texte und die Aufgaben 12 bis 16. Kreuzen Sie an. Richtig oder falsch?

Beispiel:
Im Fenster eines Kaufhauses:

SOMMERSCHLUSSVERKAUF!
Ab morgen kostet alles nur die Hälfte.

Ab morgen können Sie billig einkaufen.
[X] richtig [ ] falsch

12. An der Tür einer Bäckerei:

    WIR SIND UMGEZOGEN!
    Die Bäckerei SCHNEIDER finden Sie ab sofort in der Kaiserstraße.

    Schon heute können Sie in der Kaiserstraße Brötchen kaufen.
    [ ] richtig [ ] falsch

13. Am Eingang des Wohnungsamtes:

    Wegen eines Betriebsausflugs ist das Wohnungsamt am Mittwoch, den 26. März, geschlossen. Wir bitten um Ihr Verständnis.

    Das Wohnungsamt ist immer nur am Montag, Dienstag, Donnerstag und Freitag geöffnet.
    [ ] richtig [ ] falsch

14. In der S-Bahn:

    Die S-Bahn-Linie S 1 fährt heute nur zum Hauptbahnhof. Zur Weiterfahrt nach Griesheim nehmen Sie bitte die S 2.

    Heute fahren die S-Bahnen nur bis zum Hauptbahnhof.
    [ ] richtig [ ] falsch

15. Im Treppenhaus sehen Sie folgende Nachricht:

> Sehr geehrte Mieter!
> Morgen wird die Klingelanlage repariert. Sind Sie nicht zu Hause? Dann geben Sie bitte Ihren Wohnungsschlüssel der Hausverwaltung.
> Vielen Dank.

Die Klingeln in Ihrem Haus sind kaputt.
☐ richtig ☐ falsch

16. Am Eingang der Volkshochschule:

> Leider muss der Deutschkurs diese Woche wegen Krankheit der Lehrerin ausfallen.

Heute ist kein Deutschkurs.
☐ richtig ☐ falsch

3 Schreiben

Teil 1

Ihr Freund, Milan Sarajlic, spricht noch kein Wort Deutsch. Er möchte einen Deutschkurs an der Volkshochschule machen (Deutschkurs, Stufe I, Anfänger). Im Kursprogramm der Volkshochschule finden Sie folgenden Kurs für ihn:

```
Deutsch - Stufe I
Kursnummer: 4017-40
Mo + Di + Do + Fr 9.00-12.00 Uhr
€ 192,-
```

Helfen Sie ihm und füllen Sie das Anmeldeformular für ihn aus.
Er wohnt jetzt in Frankfurt, im Sandweg 12.
Die Postleitzahl von Frankfurt ist 60316.
Zu Hause war Ihr Freund Koch in einem Restaurant.

Familienname: _____
Vorname: _____
Straße, Hausnummer: _____
Postleitzahl, Wohnort: _____
Telefon: 069/433357
Beruf: _____
Kursnummer: _____
Kurs: _____
Preis: _____

Teil 2

Sie machen gerade Ihren Führerschein. Am Mittwoch haben Sie die nächste Fahrstunde. Sie sind aber krank und können nicht kommen. Schreiben Sie eine E-Mail an Ihren Fahrlehrer.

Schreiben Sie:
Mittwoch – nicht können
Warum?
Termin ändern
Nächste Woche?

Lieber Herr Paul,

_____
_____
_____
_____

Mit _____

4 Sprechen

1. Stellen Sie sich vor:
   Name?
   Alter?
   Familie?
   Woher?
   Wohnort?
   Beruf?
   Freizeit?

2. Arbeiten Sie in Gruppen und stellen Sie sich Fragen zum Thema „Das letzte Wochenende" und beantworten Sie die Fragen.
   Einkaufen: Wo? Was?
   Freunde/Familie treffen: Wann?
   Freizeit: Wo? Mit wem?

3. Aufforderungen formulieren und darauf reagieren. Arbeiten Sie mit einem Partner / einer Partnerin. Wählen Sie zwei Situationen aus. Spielen Sie die Dialoge.

Anhang

Phonetik

Lektion 7 — Meine Wege durch die Stadt

Die Diphtonge

1 Der Diphtong *au*. Hören Sie zu und sprechen Sie nach.

das Auto – kaufen – rauchen – auch – blau – grau – die Frau –
der Kaugummi – laut – die Pause

2 Der Diphtong *ei* und *ai*. Hören Sie zu und sprechen Sie nach.

eins – zwei – drei – das Reisebüro – die Polizei – noch einmal – das Fleisch –
der Mais – das Eis – die Nikolaikirche – die Feier – die Heimat

3 Der Diphtong *eu* und *äu*. Hören Sie zu und sprechen Sie nach.

heute – euch – der Freund – das Gebäude – Deutschland – viele Häuser –
teuer – die Leute – der Verkäufer – die Deutschen

Eine Wegbeschreibung

1 a) Hören Sie zu und ergänzen Sie *au, ei* oder *eu*.

+ Entschuldigung, können Sie mir helfen? Ich suche die Bücher__ei__?
– Ja klar, gehen Sie die zw____te Straße links, dann gerade____s bis zur Kr____zung. Dort sehen Sie ____f der linken S____te eine Bäcker____. Neben der Bäcker____ das n____e H____s, das ist die Bücher____.
+ Danke, also die zw____te Straße links, dann gerade____s bis zur Kr____zung, ____f der linken S____te das n____e H____s neben der Bäcker____.
– Gen____.

b) Hören Sie den Dialog noch einmal und sprechen Sie nach.

2 Spielen Sie den Dialog mit Ihrem Partner / Ihrer Partnerin. Sprechen Sie den Dialog einmal ganz anders, z. B. flüstern Sie geheimnisvoll, sprechen Sie wie ein Kind, sprechen Sie ganz unhöflich … Spielen Sie Ihren Dialog im Kurs vor.

Lektion 8 Ämter und Behörden

Der Wortakzent bei Komposita

1 Sehen Sie sich das Beispiel an.

Beispiel:
die Kinder + das Geld
↓
das Ki̇ndergeld

Bei Komposita ist der Wortakzent (fast) immer auf dem 1. Wort.

2 Ergänzen Sie die Wörter mit den Wörtern aus dem Kasten.

das Kinder *geld*   der Führer _____
das Arbeits _____   das Kleider _____
die Aufenthalts _____   die Versicherten _____
die Öffnungs _____   die Sozial _____
die Melde _____   das Bürger _____

| ~~geld~~ amt hilfe |
| genehmigung |
| büro geld |
| zeiten schein |
| karte stelle |

3 a) Hören Sie zu und markieren Sie den Wortakzent bei den Wörtern in Aufgabe 2.

b) Hören Sie die Wörter noch einmal und sprechen Sie sie nach.

Wichtige Verben

1 a) Hören Sie die Wörter und markieren Sie den Wortakzent. Ist der Vokal lang oder kurz?

anmelden – abmelden – verlängern – bekommen – beantragen – anerkennen – ausleihen

b) Hören Sie noch einmal und sprechen Sie nach.

Wortgruppen

1 a) Hören Sie zu und sprechen Sie langsam und deutlich nach.

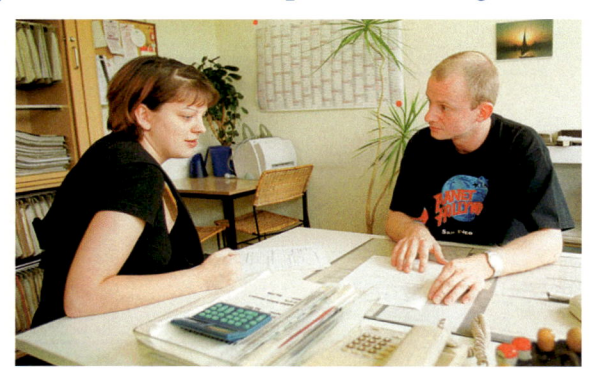

die W<u>o</u>hnung <u>a</u>nmelden
den P<u>a</u>ss verl<u>ä</u>ngern
das K<u>i</u>ndergeld be<u>a</u>ntragen
den F<u>ü</u>hrerschein bek<u>o</u>mmen
das <u>Au</u>to <u>a</u>bmelden
ein B<u>u</u>ch <u>au</u>sleihen
die Vers<u>i</u>chertenkarte bek<u>o</u>mmen

b) Schneller sprechen. Hören Sie zu und markieren Sie das betonte Wort.

c) Hören Sie noch einmal und sprechen Sie nach.

Lektion 9 Gestern und heute

Ich-Laut und *Ach*-Laut

1 Der *Ach*-Laut. Hören Sie zu und sprechen Sie nach.

ma**ch**en – la**ch**en – na**ch** Hause – der Na**ch**bar – do**ch** – der Ko**ch** – ko**ch**en –
die Wo**ch**e – su**ch**en – der Ku**ch**en – der Besu**ch** – au**ch** – rau**ch**en – brau**ch**en

Nach *a*, *o*, *u*, *au* spricht man den *Ach*-Laut.

2 Der *Ich*-Laut

Der *Ich*-Laut ist leicht zu sprechen. Sagen Sie *ja*, sprechen Sie ein langes *j* – *jjjjjja*.
Jetzt ohne Stimme: Holen Sie viel Luft und flüstern Sie: *jjjjjjja*, das ist der *Ich*-Laut.

Hören Sie zu und sprechen Sie nach.

i**ch** – spre**ch**en – lä**ch**eln – mö**ch**te – Frü**ch**te – lei**ch**t – eu**ch** – Mil**ch** – man**ch**mal – dur**ch**
das Mäd**ch**en – ein biss**ch**en – das Bröt**ch**en – das Hähn**ch**en – das Würst**ch**en
weni**g** – ri**ch**tig – wi**ch**tig – die Süßig**k**eit – ferti**g**

3 Ausnahmen. Hören Sie zu und sprechen Sie nach.

se**chs** – der nä**ch**ste Tag
der **Ch**ef – der **Ch**efarzt

4 a) Wo spricht man den *Ach*-Laut? Markieren Sie.

am Wochenende – nachmittags – um acht Uhr
die Küche – das Hühnchen – die Milch
freundlich – furchtbar – langweilig – noch einmal – schließlich – plötzlich – wirklich – peinlich
gemacht – gekocht – besucht – gelacht – besichtigt – geraucht – gezeichnet
der Koch – die Köchin – der Nachbar – das Buch – die Bücher

b) Hören Sie die Wörter mit *Ach*-Laut und sprechen Sie nach.

c) Hören Sie die Wörter mit *Ich*-Laut und sprechen Sie nach.

5 Wählen Sie acht Wörter aus und schreiben Sie mit Ihrem Partner / Ihrer Partnerin eine kleine Geschichte. Lesen Sie anschließend die Geschichte im Kurs vor.

Lektion 10 Im Kaufhaus

Das *h*

1 Hören Sie zu und sprechen Sie nach.

hallo – Herzlich willkommen – die Hose – das Hemd – hell – hoffentlich – hier – heute – das Haus – woher – wohin

2 a) Welches Wort hören Sie? Kreuzen Sie an.

1. ☐ er   ☐ her
2. ☐ ihr   ☐ hier
3. ☐ aus   ☐ Haus
4. ☐ Eis   ☐ heiß
5. ☐ alt   ☐ halt
6. ☐ Ende   ☐ Hände
7. ☐ und   ☐ Hund
8. ☐ in   ☐ hin

b) Hören Sie die Wortpaare aus Aufgabe a) und sprechen Sie nach.

3 a) Hören Sie zu und markieren Sie. Ist der Vokal lang oder kurz?

sehr – die Uhr – das Ohr – der Flohmarkt – verstehen – sehen – er sieht – der Schuh – die Schuhe – leihen

b) Das *h* sprechen wir nicht, es dehnt den Vokal. Hören Sie noch einmal und sprechen Sie nach.

Ausländische Wörter im Deutschen

1 Hören Sie zu und sprechen Sie nach.

das Jackętt – das Kostüm – das T-Shirt – die Jeans – der Coupon –
der Rabątt – der Blazer – der Pullover – die Qualität –
der Second-Hand-Laden – die Parfümerie – die Krawątte

Kleine Dialoge

1 Hören Sie zu und sprechen Sie nach.

1. + Kann ich Ihnen helfen? – Danke, ich möchte mich nur umsehen.
2. + Wo finde ich Computerspiele? – In der Multimedia-Abteilung im vierten Stock.
3. + Ach bitte, wo kann ich das anprobieren? – Die Umkleidekabinen sind dort hinten rechts.
4. + Ich hätte diesen Pullover gern in Schwarz. – Tut mir Leid, den gibt es nur in Rot.
5. + Haben Sie die auch in 40? – Größe 40? Da muss ich nachsehen. Einen Moment bitte.

2 Hören Sie zu und antworten Sie.

3 Stellen Sie die Fragen und hören Sie die Antworten.

Lektion 11 In Deutschland unterwegs

Das *f* und das *w*

1 Das *f*. Hören Sie zu und sprechen Sie nach.

der **F**rühling – **f**ahren – **f**it sein – das **F**oto – **f**eiern – **f**ast – **f**inden – **v**ielleicht –
vergessen – **v**erstehen – **v**or – **v**orschlagen – das Al**ph**abet – die **Ph**onetik

2 Das *w*

Sprechen Sie *wwwww*. Das *w* kitzelt an der Lippe!

a) Hören Sie zu.

das **W**etter – der **W**inter – die **W**olken – der **W**ind – im **W**esten – die **V**isite –
das **V**itamin – ner**v**ös

b) Hören Sie zu und sprechen Sie nach. Sprechen Sie das *w* besonders deutlich.

(ww)was   (ww)wie   (ww)wo   (ww)wann

das Wetter – warm – der Winter – die Wolken – bewölkt – der Wind – windig –
im Westen – die Visite – das Vitamin – nervös

Der Winter war warm.   Woher kommt der Wind?   Der Wind kommt von Westen.

c) Hören Sie zu und sprechen Sie nach.

Quatsch – Quadratmeter – überqueren – bequem

Schwierige Wörter

1 Hören Sie zu und sprechen Sie nach.

Höchsttemperatur – Welche Höchsttemperatur – Welche Höchsttemperatur gibt es im Westen?
chaotisch – sehr chaotisch – Das Leben ist sehr chaotisch.
Millionen – 1,7 (eins Komma sieben) Millionen – Hamburg hat 1,7 Millionen Einwohner.
Reservierung – Das ist meine Reservierung.
nebenan – gleich nebenan – Wagen 25 (fünfundzwanzig) ist gleich nebenan.

Lektion 12 Zusammen leben

nk und *ng*

1 *nk*

a) Hören Sie zu.

die Bank – die Tankstelle – trinken – krank – links – dunkel – der Schrank –
danke – der Schinken – das Getränk – pünktlich

b) Hören Sie noch einmal und sprechen Sie nach.

2 *ng*

a) Hören Sie zu. (Sie hören kein *g*!)

langsam – langweilig – der Vorhang – die Prüfung – die Angst
klingeln – die Klingel – die junge Frau – der Empfänger – bringen –
der Hunger – der Finger – der Junge – lange – ich bin gegangen

b) Hören Sie noch einmal und sprechen Sie nach.

c) Lesen Sie laut.

eine Bescheinigung – zwei Bescheinigungen
eine Prüfung – zwei Prüfungen
eine Erkältung – viele Erkältungen
eine Packung – vier Packungen
eine Reservierung – zwei Reservierungen
eine Kreuzung – viele Kreuzungen

Aber: das Wohn·geld – hin·gefallen – das An·gebot – un·gefähr

Kleine Nachsprechtexte

1 a) Hören Sie zu und sprechen Sie nach.

Ich habe eine kleine Tochter und unter mir wohnt eine Familie mit zwei Kindern. Die Kinder spielen oft zusammen. So habe ich die Müllers kennen gelernt. Jetzt trinken wir manchmal einen Kaffee zusammen.

b) Deutsche sprechen oft schnell. Dann lassen sie einige Buchstaben weg. Hören Sie zu und sprechen Sie nach.

Ich hab' 'ne kleine Tochter und unter mir wohnt 'ne Familie mit zwei Kindern. Die Kinder spieln oft zusamm'. So hab' ich die Müllers kenn' gelernt. Jetz' trinkn wir manchmal 'n Kaffee zusamm'.

Zungenbrecher

1 a) Hören Sie zu.

In Ulm, um Ulm und um Ulm herum.
Zwischen zwei Zweigen zwitschern zwei Schwalben.
Blaukraut bleibt Blaukraut und Brautkleid bleibt Brautkleid.

b) Lesen Sie die Zungenbrecher drei- bis viermal.

c) Hören Sie noch einmal und sprechen Sie zusammen mit dem Sprecher.

Die Grammatik im Überblick

Lektion 7 — Meine Wege durch die Stadt

B Präpositionen: Wo ist …?

neben  — zwischen  — unter  — hinter  — gegenüber

neben – zwischen – unter – hinter – über – gegenüber

Die Apotheke ist **neben dem** Reisebüro.
Die Bank ist **zwischen der** Metzgerei und dem Reisebüro.
Der Vogel sitzt **unter der** Bank.
Die Hochhäuser sind **hinter dem** Park.
Der Himmel ist **über der** Stadt.
Das Reisebüro ist **gegenüber dem** Tabakladen.

C Präpositionen mit Akkusativ

durch – um – entlang – für – gegen

Wir gehen **durch die** Stadt.
Sie geht **um die** Ecke.
Das Auto fährt **gegen das** Haus.
Ich brauche das Geld **für den** Führerschein.
Sie gehen **die** Straße **entlang**.

E Präpositionen mit Akkusativ oder Dativ (Wechselpräpositionen)

Einige Präpositionen brauchen manchmal den Akkusativ und manchmal den Dativ.

Ziel/Richtung (Wohin?)
→ Akkusativ:

Ich hänge den Mantel **in den** Schrank.

Ort (Wo?)
→ Dativ:

Der Mantel hängt **im** Schrank.

Wechselpräpositionen auf einen Blick

in – an – auf – hinter – neben – unter – über – zwischen

wohin? + *Akkusativ*

Sie gehen **ins** Restaurant.

Ich hänge das Bild **an die** Wand.

Wir gehen **auf die** Straße.

Der Hund läuft **hinter das** Haus.

Der Apfel fällt **neben den** Baum.

Die Tasse fällt **unter den** Stuhl.

Ich hänge das Foto **über den** Kamin.

Das Kind läuft **zwischen die** Bäume.

wo? + *Dativ*

Sie sitzen **im** Restaurant.

Das Bild hängt **an der** Wand.

Wir sind **auf der** Straße.

Der Hund spielt **hinter dem** Haus.

Der Apfel liegt **neben dem** Baum.

Die Tasse liegt **unter dem** Stuhl.

Das Foto hängt **über dem** Kamin.

Das Kind spielt **zwischen den** Bäumen.

⚠ in das → ins   an das → ans   in dem → im   an dem → am

	Nominativ	Akkusativ	Dativ
Singular			
maskulin	der Baum	**den** Baum	**dem** Baum
feminin	die Wand	**die** Wand	**der** Wand
neutral	das Haus	**das** Haus	**dem** Haus
Plural			
maskulin	die Bäume	**die** Bäume	**den** Bäumen
feminin	die Wände	**die** Wände	**den** Wänden
neutral	die Häuser	**die** Häuser	**den** Häusern

Lektion 8 — Ämter und Behörden

C Konjunktionen

Hauptsatz 1: Mahmud sieht gern fern. Hauptsatz 2: Mahmud spielt oft Fußball.

Mahmud sieht gern fern **und** (~~er~~) spielt oft Fußball.

Aufzählung	**und**	Sie geht ins Kino **und** er bleibt zu Hause.
Grund	**denn**	Sie bleibt zu Hause, **denn** sie ist krank.
Einschränkung	**aber**	Ich will ins Kino gehen, **aber** ich habe kein Geld.

Die Wortstellung bleibt in beiden Sätzen gleich.
Bei Sätzen mit *und*:
Ist das Subjekt in beiden Sätzen gleich, kann man es weglassen.
Sabrina ist 15 Jahre alt und ~~sie~~ hat einen zwölfjährigen Bruder.

Lektion 9 — Gestern und heute

A1 Das Perfekt

Mit dem Perfekt kann man sagen, was man in der Vergangenheit (z. B. gestern) gemacht hat.

Sie kauft Blumen.   Sie **hat** gestern Blumen **gekauft**.

Das Perfekt bildet man so: Präsens von *haben* oder *sein* + Partizip II eines Verbs.

Präsens: Ich kaufe die Blumen.

Perfekt: Ich **habe** die Blumen **ge**kauf**t**.
           haben   Partizip II

Bildung des Perfekts

1 **Regelmäßige Verben**

	ge...t	ge...et	...t
ich habe	ge kauft	ge arbeitet	telefoniert
du hast	ge kauft	ge arbeitet	telefoniert
er/sie/es hat	ge kauft	ge arbeitet	telefoniert
wir haben	ge kauft	ge arbeitet	telefoniert
ihr habt	ge kauft	ge arbeitet	telefoniert
sie haben	ge kauft	ge arbeitet	telefoniert

⚠ Die meisten Verben mit der Endung *-ieren* bilden das Partizip II ohne *ge-*.

diskutieren: Ihr habt lange diskutiert.

2 **Unregelmäßige Verben**

Die unregelmäßigen Formen bilden das Partizip II oft so:

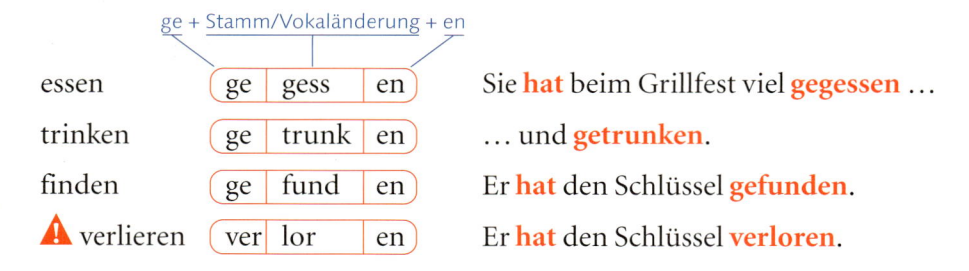

ge + Stamm/Vokaländerung + en

essen	ge	gess	en	Sie **hat** beim Grillfest viel **gegessen** …
trinken	ge	trunk	en	… und **getrunken**.
finden	ge	fund	en	Er **hat** den Schlüssel **gefunden**.
⚠ verlieren	ver	lor	en	Er **hat** den Schlüssel **verloren**.

Lerntipp: Das Partizip der unregelmäßigen Verben muss man auswendig lernen! Sie finden eine Liste auf Seite 121.

3 **Trennbare Verben**

Bei den trennbaren Verben steht das *ge-* zwischen der Vorsilbe und dem Stamm.

| einkaufen | ein | ge | kauf | t | Ich habe gestern **eingekauft**. |
| abholen | ab | ge | hol | t | Wir haben die Freunde **abgeholt**. |

Manche trennbaren Verben bilden das Partizip II auch auf *-en*.

| abwaschen | ab | ge | wasch | en | Wir haben gestern noch **abgewaschen**. |
| anfangen | an | ge | fang | en | Der Film hat um 20.00 Uhr **angefangen**. |

⚠ **Untrennbare Verben bilden das Partizip II ohne *ge-*.**

Sie hat mich gestern besucht.

4 Perfekt mit *sein*

Einige Verben bilden das Perfekt mit *sein*.

1. Die Verben

bleiben	Sie **ist** zu Hause **geblieben**.
sein	Sie **ist** alleine **gewesen**.
werden	Sie **ist** sehr müde **geworden**.

ich bin
du bist
er/sie/es ist
wir sind
ihr seid
sie sind

2. Unpersönliche Verben, z. B.

passieren + Er hatte einen Unfall. – **Ist** ihm etwas **passiert**?

3. Verben der Fortbewegung oder Zustandsveränderung

gehen – einschlafen – fallen

Er ist ins Kino gegangen.   Er ist eingeschlafen.   Er ist vom Sessel gefallen.

A2 Die Verben *haben* und *sein* im Präteritum

Die Verben *haben* und *sein* stehen oft nicht im Perfekt, sondern im Präteritum.

Präsens: Er ist heute zu Hause.   Sie hat heute keine Zeit.

Präteritum: Er **war** gestern zu Hause.   Sie **hatte** gestern keine Zeit.

	sein	haben
ich	war	hatte
du	warst	hattest
er, sie, es	war	hatte
wir	waren	hatten
ihr	wart	hattet
sie (Sie)	waren	hatten

Lektion 10 — Im Kaufhaus

A Adjektivdeklination nach dem bestimmten Artikel

1 Nominativ

Steht das Adjektiv nach dem bestimmten Artikel, hat es im Singular die Endung -e.

Der blau**e** Pullover    Die schwarz**e** Hose    Das weiß**e** Hemd

Im Plural hat das Adjektiv die Endung -en.

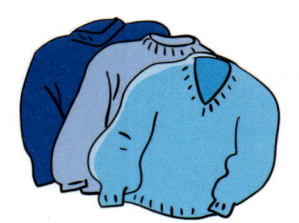

Die blau**en** Pullover.    Die schwarz**en** Hosen.    Die weiß**en** Hemden.

2 Akkusativ

Was kaufst du?

Ich kaufe **den blauen** Mantel und **die gelbe** Bluse.

	Nominativ	Akkusativ
Singular		
maskulin	der blaue Mantel	**den** blau**en** Mantel
feminin	die blaue Bluse	die blaue Bluse
neutral	das blaue Hemd	das blaue Hemd
Plural		
maskulin	die blauen Mäntel	die blauen Mäntel
feminin	die blauen Blusen	die blauen Blusen
neutral	die blauen Hemden	die blauen Hemden

Lerntipp: Im Akkusativ ändert sich die Adjektivendung nur bei maskulinen Nomen im Singular.

3 welcher, welche, welches

Das Fragepronomen *welcher* fragt nach bestimmten Personen oder Sachen aus einer Menge (Auswahl).

> Welches Kleid ziehe ich heute Abend an?

Deklination wie der bestimmte Artikel

Nominativ	bestimmter Artikel		Fragepronomen *welch-*	
	Singular	*Plural*	*Singular*	*Plural*
maskulin	d**er** Mann	di**e** Männer	welch**er** Mann	welch**e** Männer
feminin	di**e** Frau	di**e** Frauen	welch**e** Frau	welch**e** Frauen
neutral	da**s** Kind	di**e** Kinder	welch**es** Kind	welch**e** Kinder

Akkusativ	bestimmter Artikel		Fragepronomen *welch-*	
	Singular	*Plural*	*Singular*	*Plural*
maskulin	d**en** Mann	di**e** Männer	welch**en** Mann	welch**e** Männer
feminin	di**e** Frau	di**e** Frauen	welch**e** Frau	welch**e** Frauen
neutral	da**s** Kind	di**e** Kinder	welch**es** Kind	welch**e** Kinder

B1 Verben und Ergänzungen

1 Verben mit Akkusativergänzung

Die meisten Verben stehen mit einer Akkusativergänzung (Objekt).

Nominativergänzung	Verb	Akkusativergänzung
Ich	kaufe	den Rock .

2 Verben mit Dativergänzung

Manche Verben stehen mit einer Dativergänzung. Man muss lernen, welches Verb welche Ergänzung braucht.

Akkusativergänzung			Dativergänzung		
Ich	frage	ihn .	Ich	antworte	ihm .

Verben mit dem Dativ	
(jemandem) gefallen	Die Jacke gefällt **mir**.
(jemandem) stehen	Der Pullover steht **ihr**.
(jemandem) passen	Der Mantel passt **ihm** nicht. Er ist zu groß.

3 Verben mit Dativergänzung und Akkusativergänzung

Manche Verben brauchen eine Dativergänzung und eine Akkusativergänzung. Oft ist der Dativ eine Person und der Akkusativ eine Sache. Die Dativergänzung kommt meistens vor der Akkusativergänzung.

Nominativergänzung	Verb	Dativergänzung	Akkusativergänzung
Sabrina	leiht	ihm	den Pullover .
Sie	schenkt	ihr	die Bluse .
Frau Brodsky	gibt	der Frau	das Rezept .

B2 Komposita – Zusammengesetzte Wörter aus Nomen

Das letzte Nomen bestimmt den Artikel.

der Lippenstift = die Lippen + **der** Stift
die Tischlampe = der Tisch + **die** Lampe
das Kinderzimmer = die Kinder + **das** Zimmer

Lektion 11 — In Deutschland unterwegs

A1 *Es* als Subjekt (Nominativergänzung)

In manchen deutschen Sätzen braucht man das Wort *es* als Subjekt (wenn es kein anderes Subjekt gibt).

N V
Es regnet .

N V A
Es gibt hier einen Park .

N V D
Es geht mir gut .

A2 Vergleiche

1 Der Komparativ (regelmäßige Form)

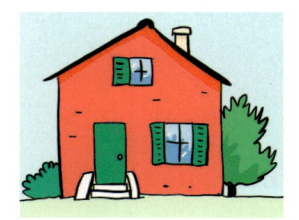

Das rote Haus ist klein.

Das weiße Haus ist (noch) klein**er**.

2 Vergleichssätze

gleich = *(genau) so ... wie*

Katja ist **so** groß **wie** Klaus.

ungleich = Komparativ + *als*

Naomi ist klein**er als** Klaus.

Komparativ: unregelmäßige Formen	
gut	Ich spiele **besser** Klavier (als Gitarre).
gern	Sie trinkt **lieber** Mineralwasser (als Saft).
viel	Er muss **mehr** Obst essen.
hoch	Die Kirche ist **höher** als das Haus.
teuer	Ein Anzug ist **teurer** als eine Hose.

C Der Superlativ

Bei vielen einsilbigen Adjektiven ändert sich der Vokal im Komparativ und im Superlativ. Für die Aussprache wird manchmal ein *e* eingefügt.

Grundform	Komparativ	Superlativ
alt	älter	am ält**e**sten
arm	ärmer	am ärmsten
dumm	dümmer	am dümmsten
groß	größer	am größten
jung	jünger	am jüngsten
kalt	kälter	am kält**e**sten
krank	kränker	am kränksten
kurz	kürzer	am kürz**e**sten
lang	länger	am längsten
rot	röter	am röt**e**sten
schwarz	schwärzer	am schwärz**e**sten
stark	stärker	am stärksten
warm	wärmer	am wärmsten

⚠ *Ausnahmen*

gut	**besser**	**am besten**
gern	**lieber**	**am liebsten**
viel	**mehr**	**am meisten**
hoch	**höher**	**am höchsten**
teuer	**teurer**	**am teuersten**

Der Vogel ist schnell.

Das Flugzeug ist schneller.

Die Concorde ist **am schnellsten.**

Alphabetische Wortliste

Die alphabetische Wortliste enthält den Wortschatz von Lektion 1 bis 12 des Kursbuchs (Band 1a und 1b). Zahlen, grammatische Begriffe sowie Namen von Personen, Städten und Ländern sind in der Liste nicht enthalten.

Die Zahlen geben an, wo die Wörter zum ersten Mal vorkommen (z.B. 2/B3.4 bedeutet Lektion 2, Block B3, Übung 4).

Ein · oder ein – unter dem Wort zeigt den Wortakzent:
a = kurzer Vokal
a = langer Vokal

Nach den Nomen finden Sie immer den Artikel und die Pluralform:
" = Umlaut im Plural
* = es gibt dieses Wort nur im Singular
, = es gibt auch keinen Artikel
Pl. = es gibt dieses Wort nur im Plural

Abkürzungen:
Abk. = Abkürzung
Kurzf. = Kurzform
etw. = etwas
jd. = jemanden
jmdm = jemandem

A

ab 3/F3
abbiegen, abgebogen 7/C6
Abend, der, -e 3/C2
Abendessen, das, - 5/A1.7
Abendkleid, das, -er 10/D
abends 4/B2.4
aber 2/A1.4a
abfahren, abgefahren 4/D1.1
abholen 4/A3.1a
Abkürzung, die, -en 3/A2.1
abmelden 8/A2c
absagen 8/B4
abschicken 9/A3.2
Abschied, der, -e 6/klar6
Abschnitt, der, -e 6/C1.2
Absender, der, - 12/A2.1a
Abteilung, die, -en (Abk. Abt.) 8/A2b
abwaschen, abgewaschen 9/A3.1
achten (+ auf etw.) 6/C1.4
Adresse, die, -n 2/C2.3
Ahnung, die, -en 3/C2
Aktion, die, -en 10/B2.1
Aktivität, die, -en 4/A1
Alkohol, der, -ika 6/B2.1
alle (1) 2/B3.2
alle (2): etw. ist alle 12/B3
alles 3/C2
allgemein 8/D1.3
Alm, die, -en 11/D2
Alphabet, das, -e 0/A
alphabetisch 7/B2a
als 9/C1
Ampel, die, -n 7/C2
Amt, das, "-er 8
an 1/B2.3a

Ananas, die, - und -se 5/A2.4b
anderer, andere, anderes 2/klar2b
ändern (1) (+ sich) 2/B3.4
ändern (2) 8/B4
anders 11/B2a
Änderungsschneiderei, die, -en 3/A1.1
anfangen, angefangen 4/A3.1a
Angabe, die, -n 10/C1
angeben, angegeben 10/C1
Angebot, das, -e 5/A2.4a
Angelegenheit, die, -en 8/A2b
angeln 11/D4b
Angst, die, "-e 6/C2.2
anhalten, angehalten 7/C6
Anhang, der, "-e 10/A1.1a
ankommen, angekommen 4/D1.1
ankreuzen 0/C2
Anlage, die, -n 12/A2.2
anmelden 8/A2c
Anmeldung, die, -en 8/D1.1
anprobieren 10/C2b
Anrede, die, -n 1/klar2
Anrufbeantworter, der, - 8/B
anrufen, angerufen 4/A3.3
Ansage, die, -n 8/B1
anschließend 7/D5
ansehen (+ sich etw.), angesehen 1/A3
anstrengend 4/C2.1
Antrag, der, "-e 8/D1.1
Antragsformular, das, -e 8/D1.1
Antwort, die, -en 1/klar1
antworten 1/B2.3b
Anzeige, die, -n 3/B6a

anziehen, angezogen 10/B1.3
Anzug, der, "-e 10/B2.2
Apfel, der, "- 5/A1.1b
Apfelsaft, der, "-e 5/C3b
Apotheke, die, -n 6/B1.1
Appetit, der, -e 5
Arbeit, die, -en 2/A2.2
arbeiten 1/B2.5
Arbeitgeber/in, der/die, -/-nen 6/B1.1
Arbeitsamt, das, "-er 7/D1
arbeitslos 8/C1
ärgerlich 12/A2.1a
Arm, der, -e 6/A1.1
Arzt/Ärztin, der/die, "-e/-nen 1/B1.1
Arzthelferin, die, -nen 8/C1
Arztschild, das, -er 6/B1.1
Arzttermin, der, -e 4/B2.2
Asyl, das, -e Pl. selten 8/A2b
Asylantrag, der, "-e 3/F5
Asylbewerber/in, der/die, -/-nen 3/F5
Aubergine, die, -n 5/B3a
auch 1/A2a
auf 3/klar2
auf keinen Fall 6/B2.1
Auf Wiedersehen! 5/klar2
Aufenthaltsgenehmigung, die, -en 8/A2b
auffallen, aufgefallen 1/E2
Aufgabe, die, -n 1/E3
aufhören 4/A3.1a
aufmachen 12/A2.1a
aufpassen 5/C3a
aufräumen 4/A3.1a
aufschreiben, aufgeschrieben 0/A2
aufstehen, aufgestanden 4/A3.1a
aufwachen 6/C1.1
Aufzählung, die, -en 8/C3

Auge, das, -n 6/A1.1
Augenarzt/-ärztin, der/die, "-e/-nen 3/A1.1
aus 0/B2a
aus der Sicht von … 3/E3c
ausatmen 6/B2.1
Ausbildung, die, -en 9/C3
ausfallen, ausgefallen 4/A3.3
Ausflug, der, "-e 9/B1
ausfüllen 8/D3.1
ausgeben, ausgegeben 10/B1.2
ausgehen, ausgegangen 4/A3.1a
Auskunft, die, "-e 8/klar4
Ausland, das, * 11/A2.1a
Ausländer/in, der/die, -/-nen 3/F5
Ausländerangelegenheiten Pl. 8/A2b
Ausnahme, die, -n 1/B2.2
Aussage, die, -n 2/A1.4c
ausschlafen, ausgeschlafen 4/A3.3
aussehen, ausgesehen 2/B3.1
außerdem 5/A2.4a
Aussicht, die, -en 11/A1.5
aussuchen 9/C2
auswählen 8/B4
Ausweis, der, -e 8/D2.3
auswerten 6/D3a
Auto, das, -s 1/C4
Autobahnpolizei, die, * 9/B1
Automechaniker/in, der/die, -/-nen 1/B2.1

B

Baby, das, -s 1/D1
backen, gebacken 12/A1.5
Bäckerei, die, -en 1/B2.5

Bäcker/in, der/die, -/-nen 1/B2.1
Backgammon, das, * 9/C1
Backware, die, -n 5/A1.3
Bad(ezimmer), das, Bäder (-) 2/B1.2
Badewanne, die, -n 2/B3.6
Bahn, die, -en 4/D1.2
Bahnhof, der, "-e 4/D1.1
bald 8/C1
Balkon, der, -e 2/B3.6
Ball, der, "-e 4/C1.3
Banane, die, -n 5/A1.1b
Bank (1), die, "-e 7/B1
Bank (2), die, -en 7/B1
Basketball, *,* 9/C2
Bauarbeiter/in, der/die, -/-nen 1/B1.1
Bauch, der, "-e 6/A1.1
bauen 1/C4
Bauer/Bäuerin, der/die, -n/-nen 11/D2
Baum, der, "-e 12/A1.1a
Bazar, der, -e 11/B2a
beantragen 8/A2b
beantworten 0/B3
Becher, der, - 5/A1.5
beginnen, begonnen 4/A2.2
Begriff, der, -e 2/C2.1
Behandlung, die, -en 6/C1.1
Behörde, die, -n 8
Behördengang, der, "-e 8/A2b
bei 7/C6
beide/beides 4/C2.1
Bein, das, -e 6/A1.1
Bein: jmdm Beine machen 12/A1.3b
Beispiel, das, -e 1/C5
bekommen, bekommen 4/D2.5
benutzen 7/A1b
bequem 10/B1.2

Berg, der, -e 11/A3.1a
Beruf, der, -e 1/B1
beruflich 1/B1.2
Berufsbezeichnung, die, -en 1/B2
Bescheinigung, die, -en 6/A2.4
beschreiben, beschrieben 3/A1.3
Beschreibung, die, -en 7/B
besetzen 11/E2a
besichtigen 4/D2.1
Beste, der, die, das, -n 10/B2.1
bestellen 5/E3
bestimmen (1) 10/B2.3
bestimmt (2) 4/D1.1
Besuch, der, -e 3/C1a
besuchen 4/C2.1
Besucherkarte, die, –n 8/D1.1
Betrieb, der, -e 11/D2
betrunken (sein) 12/A1.7b
Bett, das, -en 2/B1.1
Bewegung, die, -en 9/B3a
Bewerbung, die, -en 10/D1
Bewerbungsgespräch, das, -e 10/D1
bewölkt 11/A1.2a
bezahlen 4/D1.1
Bezirksamt, das, "-er 8/A2b
biegen, gebogen 7/C4
Bier, das, -e 5/D2
Bild, das, -er 2/A2.3
bilden 10/klar3
billig 4/C2.4
Biografie, die, -n 9/C4
Birne, die, -n 5/B3a
bis 2/C1.2
bisschen 5/A2.4a
bitte 3/C2
bitten, gebeten 8/B4
Blatt, das, "-er 11/E3
blau 3/B1a

bleiben, geblieben 2/A2.2
Bleistift, der, -e 1/E1
Blinddarm, der, "-e 6/C1.1
Blinddarmentzündung, die, -en 6/C1.1
Block, der, "-e 10/klar3
blöd 12/C1
bloß 8/klar4
Blume, die, -n 1/C4
Bluse, die, -n 10/A1
Bohne, die, -n 5/C3a
brauchen 2/B3
braun 3/B1a
Brief, der, -e 1/C4
Briefkasten, der, "- 12/A1.7a
Briefpapier, das, * 10/B2.2
Brille, die, -n 10/A2.2
bringen, gebracht 5/E2b
Brot, das, -e 5/A1.1b
Brötchen, das, - 5/A2.4b
Brücke, die, -n 7/D5
Bruder, der, "- 2/C4.1
Brust, die, "-e 6/A1.1
Buch, das, "-er 1/E1
buchen 4/D1.1
Bücherei, die, -en 7/D1
Bürgerbüro, das, -s 8/A2b
Buchstabe, der, -n 0/A2
buchstabieren 0/A4
Buchung, die, -en 4/D1.1
bunt 10/A2.2
Büro, das, -s 1/B2.5
Bus, der, -se 7/A1a
Butter, die, * 5/A1.1b

C

ca. (= circa) 3/F5
Café, das, -s 4/D2.1
CD, die, -s 2/C4.3
Cent, der, - oder -s 5/B2a

chaotisch 11/B2a
Chef/in, der/die, -s/-nen 6/klar7
Chefarzt/-ärztin, der/die, "-e/-nen 6/C1.1
chinesisch 4/klar6
Chips, Pl. 5/A1.5
Collage, die, -n 2/C2.1
Computer, der, - 1/E3
Cornflakes, Pl. 5/D2
Coupon, der, -s 10/B2.1
Cousin/e, der/die, -s/-n 3/E6

D

da 2/B1.4
Dach, das, "-er 3/A1.1
Dachgeschoss, das, -e 3/A1.1
dahaben (etw.) 2/C2.3
damals 9/C1
danach 4/D2.3
danke 0/C1a
Danke, es geht. 0/C1a
Danke, gleichfalls. 5/B2a
dann 2/B3.5
das heißt 4/D1.1
Das macht nichts. 4/D1.1
Datum, das, Pl.: Daten 12/A2.1a
dauern 4/D1.1
davon, auch: davon 3/F5
dazugehören 5/C1
denn 4/B1.4
der/die/das 0/A
deshalb 11/B2a
Deutsch, das, * 1/C2a
Dialog, der, -e 0/B2a
dick 8/klar4
direkt 4/D1.1
diskutieren 6/D5
doch 2/klar4

Doktor/Doktorin, der/die, -en/-nen 6/B2.1
Donnerstag, der, -e 2/C2.3
doof 12/C1
Dorf, das, "-er 11/D1
dort 6/C1.1
Dose, die, -n 5/A1.1b
dran sein, dran gewesen 8/D3.1
draußen 10/A2.4
dumm, dümmer, am dümmsten 12/C1
dunkel 3/B4a
dünn 8/klar3
durch 7
dürfen, gedurft 5/A2.4a
Durst, der, * 12/B1

E

€ (= Euro, der, -(s)) 5/B2a
echt 12/C1
Ecke, die, -n 7/C4
eckig 3/B4a
Ei, das, -er 12/A1.5
eigentlich 2/A1.4a
ein, eine, ein 0/B2b
einatmen 6/B2.1
Einfahrt, die, -en 8/B2
einige 2/A1.5
Einkauf, der, "-e 5/B1c
einkaufen 4/A3.1a
Einkaufszettel, der, - 5/A1.1b
einladen, eingeladen 4/klar4
einmal 7/C5a
einschlafen, eingeschlafen 4/A3.1a
Einschränkung, die, -en 8/C3
einsetzen 2/B3.5
eintragen, eingetragen 1/D2b
Einweihungsparty, die, -s 7/F

Einwohner/in, der/die, -/-nen 3/F4b
Einwohnermeldeamt, das, "-er 8/A1
Eis, das, * 3/B5
Eltern, *Pl.* 2/A2.2
Elternsprechtag, der, -e 8/B2
E-Mail, die, -s 9/A3.2
Emmentaler (Käse), der, * 5/klar1
Empfänger, der, - 12/A2.1a
Ende, das, -n *Pl. selten* 12/A2.1a
endlich 9/B1
Endung, die, -en 1/B2.2
Englisch, das, * 4/C3.2
Enkel/in, der/die, -/-nen 4/klar2
entlang 7/C.4
entlangfahren, entlanggefahren 7/C4
entscheiden (+ sich), entschieden 10/A2.3
entschuldigen (+ sich) 6/A2.4
Entschuldigung, die, -en 3/D1
Erbse, die, -n 5/A1.5
Erdbeere, die, -n 5/D2
Erdgeschoss, das, -e 3/A1.1
erfinden, erfunden 2/klar1
ergänzen 1/A2b
Ergebnis, das, -se 6/D3a
Erhöhung, die, -en 12/A1.7a
Erkältung, die, -en 6/B2.1
erklären 6/C1.1
erledigen 8/A2b
erst 2/C2.3
erster, erste, erstes 3/A2.1
erzählen 2/B3.6
Erzieher/in, der/die, -/-nen 9/C1
Essen, das, - 5/E1

essen, gegessen 3/C2
etwas 3/D1
Europakarte, die, -n 2/A1.1

F

Facharzt/-ärztin, der/die, "-e/-nen 6/B1.1
fahren, gefahren 3/C2
Fahrkarte, die, -n 4/D1.1
Fahrplan, der, "-e 4/D1.1
Fahrrad, das, "-er (*Kurzf.:* Rad, das, "-er) 3/klar3
Fahrschule, die, -n 7/C
Fahrstuhl, der, "-e 12/A1.7a
Fahrstunde, die, -n 8/C1
Fahrt, die, -en 4/D1.1
Fall, der, "-e 11/B2a
Fall: auf jeden Fall 11/B2a
falsch 2/A1.4b
Familie, die, -n 1/D
Familienkasse, die, * 8/A1
Familienstand, der, * 8/D3.1
fangen, gefangen 10/A1.2b
Farbe, die, -n 3/B1
fast 2/B3.1
faulenzen 7/C.8
fehlen 1/B2.4
Feier, die, -n 5/klar6
Feiern, das, * 5/klar6
Fenster, das, - 1/E3
Ferien, *Pl.* 11/D2
fernsehen, ferngesehen 4/A1.1
Fernseher, der, - 2/B3
fertig 2/B3.1
Fest, das, -e 12/A1.5
feucht 12/A1.7b
Fieber, das, * 6/A1.2
Fieberthermometer, das, - 6/A2.2

Film, der, -e 3/C5
finden (1), gefunden: Wie findest du …? 0/B2b
finden (2), gefunden 10/A2.3
Finger, der, - 6/A1.1
Fisch, der, -e 5/A1.3
Fischer, der, - 11/D2
fit (sein) 6/D3a
Flasche, die, -n 5/A1.5
Fleisch, das, * 5/A1.3
Fleischtheke, die, -en 5/A2
Fließband, das, "-er 9/C1
Flohmarkt, der, "-e 9/A2.1a
Flugzeug, das, -e 7/A1a
Fluss, der, "-e 11/C1
folgend 2/C2.1
Forelle, die, -n 5/E2b
Form, die, -en 5/C5a
formell 1/klar2
Formular, das, -e 8/D1.1
fortsetzen 4/A2.1b
Foto, das, -s 0/C1b
Frage, die, -n 0/B2b
fragen 1/B2.3a
fragen (+ nach): nach dem Weg fragen 7/D
Frau, die, -en 0/C1a
Frauenarzt/-ärztin, der/die, "-e/-nen 8/D1.2a
frei 8/C4
freimachen 6/B2.1
Freizeit, die, * 9/C1
freuen (+ sich) 3/C2
Freund/in, der/die, -e/-nen 4/A3.1a
freundlich 6/A2.4
Frieden, der, * 12/C2.1
frisch 7/F
Friseur/in, der/die, e/-nen 1/B2.1
Friseurladen, der, "- 1/B2.5
Früchtetee, der, -s 5/D2

früh (1) 4/C3.1
früher (2) 11/B2a
Frühling, der, * 11/A1.1
Frühstück, das, * 5/D1
frühstücken 4/D2.1
fühlen (sich) 6/A1.5
Führerschein, der, -e 7/C1
Füller, der, - 1/E1
funktionieren 2/B2.2
furchtbar 3/B3
für 2/B1.3b
Fuß, der, "-e 6/A1.1
Fußball, der, "-e 4/A1.1

G

ganz 3/B3
gar keiner, keine, keins 10/A2.1a
Garten, der, "- 5/C3a
Gärtner/in, der/die, -/-nen 1/B1.1
Gast, der, "-e 5/E5
Gebäude, das, - 7/B2b
geben, gegeben 2/B1.3
Gebiet, das, -e 11/D2
geboren (sein) 3/F4a
Geburtstagsparty, die, -s 5/A1.7
gefallen, jmdm gefällt, jmdm hat gefallen 10/A1.5b
gegen 7/C5b
Gegend, die, -en 11/D2
Gegensatzpaar, das, -e 3/B4b
gegenseitig 0/B2b
Gegenstand, der, "-e 3/B6b
Gegenteil, das, -e 3/B4a
gegenüber 7/B3a
Gehacktes, *,* 5/A2.4a
gehen, gegangen 3/C1a

gelb 3/B1a
Geld, das, * 8/C1
gelten, gegolten 10/B2.1
Gemüse, das, - 3/A1.1
genau 10/B1.3
Genau! 7/C4
genauso 11/A2.1a
Genehmigung, die, -en 8/A2b
geradeaus 7/C6
Gericht, das, -e 5/E1a
gern, lieber, am liebsten 3/C2
Geschäft, das, -e 3/A1.1
Geschäftsmann/-frau, der/die, "-er/-en 1/B2.2
Geschenk, das, -e 7/F2a
Geschichte, die, -n 6/A2.5
geschieden (sein) 8/D3.1
Geschirr, das, * 7/F2a
Geschwister, Pl. 2/C4.1
Gespräch, das, -e 10/D1
gestern 9
gesund, gesünder, am gesündesten 6/D
Gesundheit, die, * 6/B1
Getränk, das, -e 5/A1.3
Getränkemarkt, der, "-e 5/A2
Getreide, das, - 5/A1.3
gewinnen, gewonnen 9/A3.1
Gewitter, das, - 11/A1.2a
Glas, das, "-er 5/A1.5
glauben 5/B2a
gleich 4/B1.3
Gleis, das, -e 11/E2a
Globus, der, -se/Globen 7/F2a
Glück, das, * 7/F2b
Gott, der, "-er 12/C2.1
Grad, der, -e (aber: 30 Grad) 11/A1.5
Gramm, das, - 5/A1.6
grau 3/B1a
Grenze, die, -n 11/D2
grillen 5/C3a

Grillfest, das, -e 5/C
Grippe, die, -n 6/A2.9
groß, größer, am größten 2/A1.4a
Größe, die, -n 10/B1.3
Großeltern, *Pl.* 3/E6
Großvater/-mutter, der/die, "-/ "- 3/E6
grün 3/B1a
Grund, der, "-e 8/C3
Gruppe, die, -n 2/C2.3
Gruß, der, "-e 6/A2.4
Grüß Gott! 0/C1a
grüßen 12/A1.5
Gurke, die, -n 5/D2
Gürtel, der, - 10/D
gut, besser, am besten 0/C1a
Gute Besserung! 6
Guten Appetit! 5
Guten Morgen! 0/B1a
Guten Tag! 0/C
Gymnasium, das, die Gymnasien 9/C1

H

Haar, das, -e 1/C4
haben, hatte, gehabt 2/B2.2
Hähnchen, das, - 5/A1.1b
halb 4/A2.1a
Hallo! 0/C1a
Hals, der, "-e 6/A1.1
halten, gehalten 11/E1
Hand, die, "-e 6/A1.1
Handschuh, der, -e 10/D
Handtasche, die, -n 10/B2.2
Handy, das, -s 2/C2.2
hässlich 3/B3
häufig 11/C3a
Hauptbahnhof, der, "-e 4/D1.1

Hauptstadt, die, "-e 2/A1.2
Haus, das, "-er 1/A2a
Hausarzt/-ärztin, der/die, "-e/-nen 6/B1.1
Hausaufgabe, die, -n 1/C2a
Hausfrau, die, -en 9/C1
hausgemacht 11/D2
Hausschuh, der, -e 10/D
Heft, das, -e 1/E1
Heimat, die, * 2
Heimatstadt, die, "-e 9/C3
Heirat, die, -en 9/C3
heiraten 9/C1
heiß 5/C3a
heißen, geheißen 0/B1a
Heizung, die, -en 12/A1.7a
hektisch 11/B2a
helfen, geholfen 2/C1.1
hell 3/B4a
Hemd, das, -en 10/A1
Herbst, der, * 11/A1.1
Herd, der, -e 2/B3.1
Herr, der, -en 0/C1a
Herzlich willkommen! 1/A3
heute 3/C2
hier 1/A2a
Hilfe, die, -n 8/A2b
hinbringen, hingebracht 11/E2a
hinfallen, hingefallen 12/B4
hinten 9/A1.2b
Hobby, das, -s 4/A1.4
hoch, höher, am höchsten 11/A3.1a
Hochhaus, das, "-er 7/B3a
Höchsttemperatur, die, -en 11/A1.5
Hof, der, "-e 12/A1.1a
hoffentlich 10/B1.3
holen 5/C3a

Honig, der, * 5/D2
hören 0/B1a
Hose, die, -n 9/A1.4
Hotel, das, -s 7/B1
hübsch 12/C1
Huhn, das, "-er 11/D2
Hühnchen, das, - 5/D2
Hund, der, -e 7/F2a
Hunger, der, * 5/D2
Husten, der, * 6/B2.1
Hustensaft, der, "-e 6/A2.9

I

ICE (InterCityExpress), der, -s 4/D1.1
ich 0/B1a
Ich hätte gern ... 5/A2.4a
Idee, die, -n 2/C2.3
Imbiss, der, -e 5/D1
immer 1/E3
in 1
Information, die, -en 11/D4a
informell (*auch* informell) 1/klar2
informieren (+ über etw.) 6/B1.1
Ingenieur/in, der/die, -e/-nen 1/B2.1
intelligent 12/C1
Internet, das, * (-s) 4/D1.1
Interview, das, -s 2/C2.4a
interviewen, interviewt 3/E8
italienisch 4/klar6

J

ja 1/A2a
Jacke, die, -n 10/A1
Jackett, das, -s 10/A1

Jagd, die, -en 10/B2
Jahr, das, -e 2/A2.2
Jahreszeit, die, -en 11/A1.1
jährlich 3/F5
Jeans, die, (*Pl.*, auch *Sg.*), - 10/B1.3
Jeansjacke, die, -n 9/A1.1b
jeder, jede, jedes 1/klar1
jemand 9/B1
jetzt 2/B3.1
joggen 4/A3.5
Joghurt, der (*auch:* das), -(s) 5/A1.5
Jugend, die, * 8/A2b
jung, jünger, am jüngsten 11/C2
Junge, der, -n 1/D1

K

Kabine, die, -n 10/C2b
Kaffee, der, -s 3/B5
Kaffeemaschine, die, -n 7/F2a
Kakao, der, -sorten 5/D2
kalt, kälter, am kältesten 3/B5
Kantine, die, -n 5/D1
kaputt 5/klar4
kaputt gehen, kaputt gegangen 9/B1
Karte, die, -n 4/A3.5
Kartoffel, die, -n 5/A1.1b
Käse, der, -sorten 5/A1.1b
Käseplatte, die, -n 5/D2
Käsetheke, die, -n 5/A2
Kasse, die, -n 10/B2.1
Kasten, der, "- 5/A1.1b
Katalog, der, -e 10/B1.1
kaufen 4/B2.3
Kaufhaus, das, "-er 1/B2.5

Kaufmann, der, *Pl.* Kaufleute 11/B2a
Kaugummi, der (*auch:* das), -s 5/A1.1b
kaum 12/A1.5
kein, keine, kein 2/B2
kein ... mehr 5/C4
Keks, der, -e 5/A1.1b
Kellner/in, der/die, -/-nen 1/B1.1
kennen, gekannt 3/B4b
kennen lernen, kennen gelernt 9/C1
Kennzeichen, das, - 8/B2
Kette, die, -n 10/A1.2a
Kettenspiel, das, -e 10/A1.2a
Kilogramm (*auch:* Kilogramm), das, * (*Kurzf.:* Kilo, das, -s) 5/A1.1b
Kind, das, -er 1/E2
Kinderabteilung, die, -en 10/C3
Kindergarten, der, "-en 7/A2
Kindergeld, das, * 8/A1
Kinderkrankheit, die, -en 6/A2.3
Kino, das, -s 3/C1a
Kinokarte, die, -n 7/klar7b
Kiosk, der, -e 5/A2
Kirche, die, -n 7/D6b
Kissen, das, - 3/B5
Kiste, die, -n 6/B2.3
Kiwi, die, -s 5/A1.1b
klar 2/C2.3
Klasse! 10/B1.3
Klasse, die, -n 1/E
Klassenlehrer/in, der/die, -/-nen 6/A2.2
Kleid, das, -er 10/A1
Kleidergeld, das, * 8/A2c
klein 1/klar6
Kleinigkeit, die, -en 5/D2

Klingel, die, -n 10/B2.2
klingeln 9/A3.2
klingen, geklungen 4/D1.1
Knie, das, - 6/A1.2
Koch/Köchin, der/die, "-e/"-innen 1/B2.1
kochen 3/C2
Koffer, der, - 3/B5
Kollege/-in, der/die, -n/-nen 6/C1.1
komisch 10/B1.5
Komma, das, -ta *oder* -s 3/F3
kommen, gekommen 0/B2a
Kommode, die, -n 2/B1.1
können, gekonnt 2/C2.3
Kontrolle, die, -n 6/klar5
kontrollieren 5/klar2
Kopf, der, "-e 6/A1.1
Kopie, die, -n 6/B1.1
Körper, der, - 10/C1
Körperteil, der, -e 6/A1.3
korrigieren 2/A1.4c
kosten 5/A2.4a
Kraftfahrzeugangelegenheiten, *Pl.* 8/A2b
krank, kränker, am kränksten 6/A1.5
Krankengymnastik, die, * 6/B2.3
Krankenhaus, das, "-er 1/B2.5
Krankenkasse, die, -n 6/B1.1
Krankenpfleger/-schwester, der/die, -/-n 1/B1.1
krankschreiben, krankgeschrieben 6/B2.1
Krankschreibung, die, -en 6/B1.1
Kräutertee, der, -s 6/B2.1
Krawatte, die, -n 10/D
Kreditkarte, die, -n 4/D1.1

Kreide, die, -n 1/E1
Kreuzung, die, -en 7/C2
Kuchen, der, - 5/C6b
Küche, die, -n 2/B1.2
Kugelschreiber, der, - 1/E1
Kuh, die, "-e 11/D2
Kühlschrank, der, "-e 2/B3.1
Kunde/-in, der/die, -n/-nen 5/A2.4a
kündigen 9/C2
Kunst, die, "-e 9/C1
Kurs, der, -e 0
Kurssprecherduo, das, -s 5/klar6
kurz, kürzer, am kürzesten 2/klar1

L

lachen 6/C1.1
Laden, der, "- 7/B1
Lammfleisch, das, * 5/C3a
Lammkotelett, das, -s 5/E2b
Lampe, die, -n 1/E1
Land, das, "-er 2/A1.1a
Landeseinwohneramt, das, "-er 8/A2b
lang(e), länger, am längsten 1/A2a
langsam 3/D1
langweilig 3/B3
laufen, gelaufen 10/klar1
laut 2/C3.1
leben 1/C7
Leben, das, - 9/C
Lebensmittel, das, - 4/A3.1a
lecker 3/C2
ledig 8/D3.1
leer 12/B1
legen 8/klar4

Lehrer/in, der/die, -/-nen 1/B2.1
leicht 3/klar3
Leid tun, Leid getan 4/klar6
leider 3/C2
leihen, geliehen 10/B1.3
lernen 1/C1b
Lerntipp, der, -s 1/E3
lesen, gelesen 1/A4a
letzter, letzte, letztes 10/A2.1b
Leute, Pl. 0/C2
Licht, das, -er 12/A1.3b
lieb 9/A3.2
lieben 4/C2.4
lieber (siehe: gern) 10/A2.3
Lieblingsfarbe, die, -n 3/B1
liegen, gelegen 2/A1
lila 3/B1a
Lineal, das, -e 1/E1
links 2/C3.1
Lippe, die, -n 10/B2.2
Lippenstift, der, -e 10/B2.2
Liste, die, -n 2/C2.4b
Liter, der, - 5/A1.6
Lkw (auch: LKW) (Kurzf. von Lastkraftwagen), -s 7/C2
Löffel, der, - 6/B2.1
losfahren, losgefahren 11/E1
Lotto, das, * 9/A3.1
lustig 10/klar1

M

machen 1/C1b
Magen, der, "- 6/A1.4
Mais, der, -sorten 5/A1.1b
mal 10/B1.3
Mama, die, -s 10/B1.3
Mami, die, -s 6/A2.2
man 1/C1a

manchmal 3/B5
Mann, der, "-er 1/B2.2
Mantel, der, "- 10/A1
Marathon, der, -s 3/F2
markieren 1/C1a
Markt, der, "-e 5/A2
Marmelade, die, -n 5/A1.5
Masern, Pl. 6/A2.2
Mathematik, die, * 8/C1
Matjes (Fisch), der, - 11/D2
Medikament, das, -e 6/A2.5
Meer, das, -e 7/E2
mehrere, Pl. 3/B5
meistens 6/A2.8
Meldeangelegenheit, die, -en 8/A2b
Meldestelle, die, -n 8/A2b
Menge, die, -n 5/klar1
Mensch, der, -en 7/A3a
messen, gemessen 6/A2.2
Metzgerei, die, -en 7/B1
Miete, die, -n 3/C3a
Mieterhöhung, die, -en 12/A1.7a
Mietvertrag, der, "-e 8/D1.1
Milch, die, * 5/A1.1b
Milchprodukt, das, -e 5/A1.3
mindestens 11/klar1
Mineralwasser, das, "- 5/D2
Minute, die, -n 4/D1.1
mischen 2/klar2b
Mist, der, * 12/A1.3b
mit 1/E3
mitbringen, mitgebracht 3/E7
mitkommen, mitgekommen 4/A3.1a
mitmachen 0/A1
mitnehmen, mitgenommen 4/D1.1
Mittag essen (+ zu), zu Mittag gegessen 4/klar2

Mittagessen, das, - 5/D1
mittags 4/A3.1a
Möbel, das, - 1/C4
möchten (*Infinitiv* = mögen) 2/B2.1
modern 2/B1.4
mögen, gemocht 10/A2.4
möglich 6/D3a
Möglichkeit, die, -en 3/B5
Moment, der, -e 7/D2a
Monat, der, -e 2/C2.1
Mond, der, -e 11/klar4
morgen 3/C2
Morgen, der, - 7/C9
morgens 4/B2.4
Motorroller, der, - 7/A1a
Mountainbike, das, -s 11/klar3
müde 6/B2.1
Müll, der, * 12/A1.1a
Müllabfuhr, die, * 12/A1.2b
Mülleimer, der, - 1/E1
Mülltonne, die, -n 12/A1.1a
Multimedia, *, * 10/C1
Mund, der, "-er 6/A1.1
Museum, das, *Pl.*: Museen 7/D6b
Musik, die, -en 4/A1.1
Müsli, das, -s 5/D2
müssen, gemusst 5/A1.6
Mutter, die, "- 3/C2
Mutterpass, der, "-e 8/D1.1

N

nach 2/B3.1
nach Haus(e) 3/C5
Nachbar/in, der/die, -n/-nen 4/C2.1
Nachbarland, "-er 2/A1.1a
Nachhilfe, die, -n 8/C1
Nachmittag, der, -e 4/klar2
nachmittags 4/B2.4
Nachname, der, -n 0/A4
Nachricht, die, -en 8/B4
nachsehen, nachgesehen 4/D2.2
nächste, nächste, nächste 6/C1.1
Nachtisch, der, * 5/D2
Nähe, die, * 12/B2b
nähen 4/A1.1
Name, der, -n 0/A3
Narkose, die, -n 6/C1.1
Nase, die, -n 6/A1.1
nass, nasser/nässer, am nassesten/nässesten 11/A1.2a
Nationalität, die, -en 2/A2
Natur, die, * 11/D2
natürlich 6/A2.2
Naturschutzgebiet, das, -e 11/D2
neben 7/B3a
nebenan 11/E2a
Nebenjob, der, -s 8/C5
Nebenkosten, *Pl.* 3/A2.1
Neffe/Nichte, der/die, -n/-n 3/E6
nehmen, genommen 3/C2
nein 1/C6
nennen, genannt 1/klar3
nervös 8/D3.3
nett 12/B3
Netz, das, -e 5/A1.5
neu 1/A2a
Neubau, der, -ten 3/A2.1
nicht 2/A1.4a
nichts 4/D1.1
nie 6/D1
noch 2/klar4
noch einmal 1/A4a
Norden, der, * 2/A1.1b
Nordpol, der, * 11/klar3
notieren 3/klar7
nötig 12/A1.3b
Notiz, die, -en 1/D4
Nudel, die, -n 5/A1.1b
Nummer, die, -n 2/B1.3a
nur 2/B3.4

O

oben 3/klar1
Obergeschoss, das, -e 3/A2.1
Oberkörper, der, - 6/B2.1
Obst, das, * 3/A1.1
Obst- und Gemüseladen, der, "- 3/A1.1
oder 1/E4
offiziell/inoffiziell 4/B1.3
öffnen 10/C1
Öffnungszeit, die, -en 8/A2b
oft, öfter, - 2/C4.1
ohne 2/A1.5
Ohr, das, -en 6/A1.1
okay (*Kurzf.*: ok) 3/B3
Öko-Dorf, das, "-er 11/D2
ökologisch 11/D2
Oma, die, -s 5/D2
Onkel, der, - 3/E6
online 4/D1.1
Opa, der, -s 5/D2
Operation, die, -en 6/C1.1
operieren 6/C1.1
orange 3/B1a
Orange, die, -n 5/A1.1b
ordnen 1/E3
Original, das, -e 6/B1.1
Ort, der, -e 7/B
Ortsbeschreibung, die, -en 7/B
Osten, der, * 2/A1.1b

P

packen 10/klar6
Packung, die,-en 5/A1.5
Paket, das, -e 4/A3.1a
Papier, das, -e 10/B2.2
Paprika, die, - *oder* -s 5/B2a
Parfümerie, die, -n 10/B2.2
Park, der, -s 7/B1
parken 7/C6
Partner/in, der/die, -/-nen 2/C2.4a
Pass, der, "-e 7/klar4
passen 4/C2.1
passend 1/klar1
passieren 5/C5c
Patient/in, der/die, -en/-nen 6/klar6
Pause, die, -n 6/D3a
peinlich 6/D5
Pension, die, -en 11/D2
Person, die, -en 1/A1
Pfefferminztee, der, -s 5/A1.1b
Pferd, das, -e 11/D2
Pflanze, die, -n 2/B3.1
Pfund, das, -e 5/A1.6
Picknick, das, -e (*auch:* -s) 4/D2.1
Pizza, die, -s (*auch* Pizzen) 3/C5
Pkw (*auch:* PKW) (*Kurzf. von* Personenkraftwagen), -s 7/C2
Plakat, das, -e 12/A1.1b
Plan, der, "-e 4/B2.1
planen 5/klar6
Platz, der, "-e 7/D5
plötzlich 6/C1.1
Polizei, die, * 7/D1
polizeilich 8/D1.1
Pommes frites, *Pl.* 5/klar5
Porträt, das, -s 9/C5
Position, die, -en 4/C1.2
Post, die, * 4/A3.1
Postbote, der, -n 9/C1
Postkarte, die, -n 9/B1
Postleitzahl, die, -en 2/C2.1
praktisch 10/B1.2
Preis, der, -e 5/B
prima 2/C2.3
pro 3/F5
probieren 5/C6
Problem, das, -e 2/B2.2
produzieren 11/D2
Programm, das, -e 4/D2
Programmierer/in, der/die, -/-nen 1/B1.1
Projekt, das, -e 5/klar6
Prüfung, die, -en 6/B2.3
Pulli, der, -s 10/B1.3
Pullover, der, - 10/A1
Punkt, der, -e 6/D3a
pünktlich 8/D1.3
Punktzahl, die, * 6/D3a
putzen 4/A3.5

Q

Quadratmeter, der, - 3/A2.1
Qualität, die, -en 10/B1.2
Quatsch, der, * 6/D5

R

Rabatt, der, -e 10/B2.1
Radiergummi, der, -s 1/E1
Rat, der, * 8/A2b
Rathaus, das, "-er 7/D1
Rätsel, das, - 2/klar7
rauchen 6/B2.1
rechts 2/C3.1
Rechtsanwaltskanzlei, die, -en 3/D1
reden 3/C2
Regal, das, -e 2/B3.1
Regel, die, -n 1/B2.2
Regen, der, * 10/D
Region, die, -en 11/D4a
regnen 9/B1
Reihe, die, -n 4/A2.1b
Reihenfolge, die, -n 5/klar2
Reinigung, die, -en 12/A2.1a
Reis, der, -sorten 5/A1.1b
Reise, die, -n 11/A3.1
Reiseangebot, das, -e 9/A1.1b
Reisebüro, das, -s 7/B1
Reisezentrum, das, -zentren 4/D1.1
reiten, geritten 11/D4b
Rente, die, -n 9/C1
reparieren 1/C4
reservieren 4/D1.1
Reservierung, die, -en 11/E2a
Restaurant, das, -s 1/B2.5
Rezept, das, -e 6/B1.1
richtig 2/A1.4a
Richtung, die, -en 7/E1
riechen, gerochen 12/A2.1a
riesig 3/C2
Rock, der, "-e 10/A1
Rockmusik, die, * 3/B5
Rolltreppe, die, -n 10/C1
rosa 3/B1a
rot, röter, am rötesten 3/B1a
Rücken, der, - 6/A1.2
Rückruf, der, -e 8/B4
Rucksack, der, "-e 1/E1
rückwärts 2/C1.2
Ruhe, die, * 8/C1
Ruhezeit, die, -en 8/C5
rund 3/B4a

S

S-Bahn, die, -en 6/klar5
Sachbearbeiter/in, der/die, -/-nen 8/C1
Sache, die, -n 1/E1
Saft, der, "-e 12/B3
sagen 0/C2
Sahne, die, * 5/A1.1b
Salat, der, -e 5/A1.1b
Salz, das, -e Pl. selten 7/F2b
Salzkartoffel, die, -n 5/E2b
sammeln 1/A4b
Samowar, der, -e 2/B2.1
Samstag, der, -e 4/A3
Sand, der, * 12/B1
satt 5/C3a
Satz, der, "-e 1/B2.5
sauber 12/A1.4
schade 9/B1
Schaden, der, "- 12/A1.7a
Schal, der, -s 10/A2.2
Schalter, der, - 4/D1.1
Schatz, der, "-e 6/A2.2
scheinen, geschienen 9/B1
schenken 7/F2a
schicken 6/B1.1
Schild, das, -er 7/C2
Schinken, der, - 5/klar1
Schlafanzug, der, "-e 10/B2.2
schlafen, geschlafen 6/A2.5
Schlafzimmer, das, - 2/B1.2
schlecht 3/B3
schließen, geschlossen 8/C1
schließlich 4/D2.3
Schlüssel, der, - 3/C5
Schlussverkauf, der, "-e 10/B1.3
schmecken 5/C3a
Schmerz, der, -en 6/A1.2
schmutzig 12/A2.1a
Schnäppchen, das, - 10/A2.3
Schnäppchenjagd, die, * 10/B2
Schnee, der, * 11/A1.2a
schneiden, geschnitten 1/C4
Schneiderei, die, -en 3/A1.1
schneien 11/A1.2a
schnell 3/B5
Schokolade, die, -n 3/B5
schon 1/A2a
schön 2/B2.1
Schrank, der, "-e 2/B1.1
schreiben, geschrieben 0/A4
schreien, geschrie(e)n 8/klar4
Schuh, der, -e 10/A1
Schuld haben 7/C4
Schule, die, -n 1/B2.5
Schüler/in, der/die, -/-nen 1/E1
Schulter, die, -n 6/A1.1
Schutz, der, * 11/D2
schützen 12/C2.1
Schwager/Schwägerin, der/die, "-/-nen 3/E3a
schwanger 8/D1.2a
schwarz, schwärzer, am schwärzesten 3/B1a
schwer 3/B5
Schwester, die, -n 2/C4.1
Schwiegervater/-mutter, der/die, "-/"- 3/E3a
Schwimmbad, das, "-er 7/A2
schwimmen, geschwommen 4/A1.1
Second-Hand-Laden, der, "- 10/B1.1
sehen, gesehen 3/C2
Sehenswürdigkeit, die, -en 4/D2.1
sehr 2/B3.1
Sehr geehrter / Sehr geehrte… 6/A2.4
sein, war, gewesen 1/C6
seit 3/F4a
Seite, die, -n 2/C1.1
Sekretär/in, der/die, -e/-nen 1/B1.1
selber 7/B5
selbst 5/C3a
selten 6/D1
servieren 11/D2
Sessel, der, - 2/B1.1
Situation, die, -en 5/A1.7
Sitz, der, -e 11/A3.1a
sitzen, gesessen 12/B1
Ski fahren, Ski gefahren 11/D4b
Ski, der, -er 11/D2
so 1/C1a
Socke, die, -n 10/A1
Sofa, das, -s 2/B1.1
sofort 8/C1
sogar 12/A1.3b
Sohn, der, "-e 3/E2
sollen 6/B2.2
Sommer, der, - 10/B1.3
Sonne, die, -n 9/B1
sonst 7/C4
Sonst noch etwas? 5/A2.4a
sorry 3/C2
sortieren 5/A1.3
Sozialamt, das, "-er 8/A2b
Sozialhilfe, die, * 8/A2c
Spaghetti, Pl. 5/D2
Spaß, der, "-e 5/klar6
spät 4/A2.1a
Spätaussiedler/in, der/die, -/-nen 3/F5
spazieren gehen, spazieren gegangen 4/A1.1
Spaziergang, der, "-e 9/A3.1
Speise, die, -n 5/C2
Spezialität, die, -en 11/D2
Spiegel, der, - 2/B1.1
Spiel, das, -e 5/klar6

spielen 4/A1.1
Spielplatz, der, "-e 12/B
Sport, der, -arten 6/B2.1
Sport treiben, Sport getrieben 6/B2.1
Sprache, die, -n 2/A2
Sprachschule, die, -en 7/A2
Sprechblase, die, -n 4/C2.1
sprechen, gesprochen 2/A2.2
Sprechzeit, die, -en 6/B1.1
Spüle, die, -n 2/B1.1
Spülmaschine, die, -n 2/B3.6
Stadt, die, "-e 2/A1.4a
Stadtplan, der, "-e 7/D4a
Stadtreinigung, die, * 12/A2.1a
Standort, der, -e 7/D2a
stark, stärker, am stärksten 6/B2.3
Steak, das, -s 5/klar5
stehen, gestanden 2/B1.4
stehen (+ jmdm): Die Hose steht dir gut! 10/B1.3
steigen, gestiegen 6/D1
stellen 3/F5
stellen (hier: Fragen stellen) 7/B4
sterben, gestorben 9/C1
Stichwort, das, "-er 9/C3
Stiefel, der, - 10/D
Stift, der, -e 2/C2.3
stimmen 2/C2.3
Stock, der, * (*Kurzf. für* Stockwerk) 3/A1.1
Stockwerk, das, -e 3/A2.3b
Straße, die, -n 2/C2.1
Straßenbahn, die, -en 7/A1a
Straßenfest, das, -e 4/D2.1
Stück, das, -e 5/C3a
Student/in, der/die, -en/-nen 3/A1.1
studieren 9/C1

Stuhl, der, "-e 1/E1
Stunde, die, -n 4/B2.1b
Sturm, der, "-e 11/A1.2a
stürmisch 11/A1.2a
suchen 3/D2
Süden, der, * 2/A1.1b
super 3/B3
Supermarkt, der, "-e 7/A2
Suppe, die, -n 5/E2b
surfen, im Internet surfen 4/A1.1
süß 2/klar3
Süßigkeit, die, -en 5/A1.3
sympathisch 12/C1

T

T-Shirt, das, -s 9/A1.1b
Tabak, der, -sorten 7/B1
Tabakladen, der, "- 7/B1
Tabelle, die, -n 1/B2.2
Tablette, die, -n 6/B2.1
Tafel, die, -n 1/B2.3a
Tag, der, -e 0/C
täglich 6/B2.1
Tankstelle, die, -en 7/D1
Tante, die, -n 3/E6
tanzen 4/A1.1
Tanzstunde, die, -n 4/klar6
Tasche, die, -n 1/E1
Taschentuch, das, "-er 10/klar3
Tasse, die, -n 2/B3.1
tauschen 7/B5
Taxi, das, -s 4/C2.1
Taxifahrer/in, der/die, -/-nen 1/B1.1
Teddy, der, -s 6/A2.2
Tee, der, -s 2/B2.1
Teigwaren, *Pl.* 5/A1.3
teilen 3/C3a

Telefon, das, -e 2/C2.2
telefonieren 4/D1.3
telefonisch 4/D1.1
Telefonnummer, die, -n 2/C2.2
Teller, der, - 2/B3.1
Temperatur, die, -en 11/A1.5
Tennis, das, * 5/C7c
Tennisspieler/in, der/die, -/-nen 1/D4
Termin, der, -e 6/B1.1
Test, der, -s 6/D3a
teuer, teurer, am teuersten 2/B3.1
Text, der, -e 1/D1
Textstelle, die, -n 8/B3
Thema, das, -en 3/A1.2
Thunfisch, der, * 5/A1.1b
Tier, das, -e 11/D2
Tisch, der, -e 1/E1
Tischler/in, der/die, -/-nen 1/B2.1
Toast, der, -s 5/D2
Tochter, die, "- 3/E1
Toilette, die, -n 2/B1.1
toll 3/B3
Tomate, die, -n 5/A1.1b
Tomatensauce, die, -n 5/D2
Tonne, die, -n 12/A1.1a
Topf, der, "-e 2/C4.3
Tourist, der, -en 11/D2
Tradition, die, -en 7/F2b
tragen, getragen 6/B2.3
Tram, die, -s 7/A1a
träumen 9/A1.1b
treffen, getroffen (sich) 3/C2
trennen, getrennt 5/E5
Treppe, die, -n 6/D1
trinken, getrunken 3/C1a
Trinkgeld, das, -er 5/E5
trocken 5/E2b

tschüss (*auch:* tschüs) 4/C1.3
Tuch, das, "-er 10/klar3
tun, getan 6/A1.2
Tunnel, der, - 7/C2
Tür, die, -en 3/A1.1
türkis 3/B1a
Tüte, die, -n 5/A1.5
typisch 5/E1a

U

U-Bahn, die, -en 4/A3.1a
U-Bahnhof, der, "-e 7/D4a
über 2/C2.5
überqueren 7/D4c
Überraschung, die, -en 9/A3
übertreiben, übertrieben 6/D3a
Überweisung, die, -en 6/B1.1
übrig 5/C5b
übrig bleiben, übrig geblieben 10/klar6
übrigens 12/A1.3b
Übung, die, -en 7/B5
Uhr, die, -en 3/C1a
Uhrzeit, die, -en 4/A2
um 3/C1a
Umfrage, die, -n 7/A1b
Umgangssprache, die, * 4/B1.3
umgangssprachlich 4/B1.3
Umkleidekabine, die, -n 10/C2b
Umschlag, der, "-e 0/B2b
umsehen (+ sich), umgesehen 10/C1
Umsteigen, das, * 4/D1.1
umtauschen 10/B1.3
umziehen, umgezogen 6/klar3

Umzug, der, "-e 9/C3
und 0/A1
Und Ihnen? 0/C1a
Unfall, der, "-e 7/C2
unfreundlich 12/A1.7b
ungeduldig 8/D3.3
ungefähr 3/F4a
Uni (*Kurzf. von* Universität), die, -s (-en) 3/C2
unten 3/klar1
unter 3/A2.3a
Unterlage, die, -n 8/D1
Unterricht, der, -e *Pl. selten* 4/A3.3
unterrichten 1/C4
Unterschied, der, -e 11/B2b
unterschiedlich 10/C1
Unterschrift, die, -en 12/A2.1a
unterstreichen, unterstrichen 1/D2a
unterwegs 9/B
unzufrieden 11/A3.1b

V

Vater, der, "- 3/E1
verändern (+ sich) 7/C5c
Verband, der, "-e 6/A2.9
verbinden, verbunden 4/klar1
Verbindung, die, -en 4/D1.1
verdienen 8/C1
Verdienst, der, * 8/D1.1
Verdienstbescheinigung, die, -en 8/D1.1
vereinbaren 6/B1.1
Vergangenheit, die, * 9/A2.1b
vergessen, vergessen 2/B3.1
Vergleich, der, -e 11/A2
vergleichen, verglichen 4/C2.1

verheiratet (sein) 4/C3.2
verkaufen 1/C4
Verkäufer/in, der/die, -/-nen 1/B1.1
Verkehr, der, * 7/A
Verkehrsmittel, das, - 7/A
Verkehrsschild, das, -er 7/C6
verlängern 8/A2c
verlieben (+ sich) 12/C1
verliebt (sein) 12/C1
verlieren, verloren 8/C1
Vermieter, der, - 8/D1.2a
Verpackung, die, -en 5/A1.5
Versichertenkarte, die, -n 6/B1.1
Versicherung, die, -en 6/B1.4
verstehen, verstanden 3/D
verteilen 5/klar6
Vertrag, der, "-e 8/D1.1
Verwaltung, die, -en 12/A1.3b
Verwandte, der/die, -n 5/A1.7
viel, mehr, am meisten 3/B4b
viele 1/D
Vielen Dank! 5/E5
vielleicht 2/A2.2
Viertel, das, - 4/A2.1a
Visite, die, -n 6/C1.1
Vitamin, das, -e 6/B2.1
Vogel, der, "- 7/B1
Volkshochschule, die, -n 7/D1
Vokabel, die, -n 7/klar4
voll 2/B1.4
von 2/A1.1a
vor 0
vorbei 7/D5
vorbei sein 6/C1.1
vorbereiten 4/D2.5
Vorfahrt, die, * 7/C4

vorhaben (+ etw.) 4/A3
Vorhang, der, "-e 2/B3.1
vorlesen, vorgelesen 2/klar7
vormittags 4/B2.4
vorn 9/A1.2b
Vorname, der, -n 0/A4
Vorschlag, der, "-e 5/A2.4b
vorschlagen, vorgeschlagen 6/B2.1b
Vorsicht, die, * 6/D3a
Vorspeise, die, -n 5/E2b
vorspielen 5/A2.4b
vorstellen (+ sich oder jd.) 0/B
vorwärts 2/C1.2

W

Wagen, der, - 11/E2a
Wahl, die, -en 3/B6b
während 7/A3b
Wald, der, "-er 11/D2
Wand, die, "-e 3/A1.1
wandern 11/D4b
Wanderung, die, -en 9/klar5
wann 3/C2
Ware, die, -n 11/D2
warm, wärmer, am wärmsten 11/A1.3
warten 2/B3.5
warum 3/C2
was 0/C2
Was ist los? 6/A2.2
Waschmaschine, die, -n 2/B3.1
Wasser, das, "- Pl. selten 5/A1.1b
Weg, der, -e 7
weg sein 6/C1.1
Wegbeschreibung, die, -en 7/D4b

wegfahren, weggefahren 4/A3.5
wehtun, wehgetan 6/A1.2
weich 3/B5
Wein, der, -e 5/A1.1b
weiß 3/B1a
Weißwein, der, -e 5/E2b
weitere, Pl. 1/A4b
weiterfahren, weitergefahren 7/C6
weitergehen, weitergegangen 2/klar7
weiterhören 12/B5
welcher, welche, welches 1/B2.1
Weltkarte, die, -n 0/B2b
wem 5/D2
wenig 5/A2.4a
wenn 12/A1.3b
wer 1/A2a
werden, geworden 5/A1.7
Werkstatt, die, "-en 1/B2.5
Westen, der, * 2/A1.1b
Wetter, das, - Pl. selten 9/B1
Wetterbericht, der, -e 11/A1.5
wichtig 6/D5
Wickel, der, - 6/A2.5
wie 0/B1a
Wie geht es dir? 0/C1a
Wie geht es Ihnen? 0/C1a
wie lange 2/C2.4a
wie viel, wie viele, Pl. 2/C2.3a
wiederholen 3/D1
Wiese, die, -n 11/D2
Willkommen in … 1
Wind, der, -e 11/A1.2a
windig 11/A1.2a
Winter, der, - 10/C1
wir 0/B
wirklich 2/C2.3

wissen, gewusst 8/D3.3
wo 1/B2.5
Woche, die, -n 2/B3.1
Wochenende, das, -n 4/A3.5
Wochentag, der, -e 4/B2.1a
woher 0/B2a
wohin 6/C2.2
wohnen 1/A2a
Wohngeld, das, * 8/C1
Wohngemeinschaft, die, -en 3/C
Wohnort, der, -e 1/D4
Wohnung, die, -en 2/B1
Wohnungsamt, das, "-er 8/C1
Wohnungsanzeige, die, -n 3/A2.1
Wohnungsbesichtigung, die, -en 8/D2.4
Wohnungseinweihung, die, -en 7/F2b
Wohnzimmer, das, - 2/B1.2
Wolke, die, -n 11/A1.2a
wollen 5/C1
Wort, das, "-er 1/B2.4
Wortakzent, der, -e 5/A1.1a
Wörterbuch, das, "-er 1/E1
Wörternetz, das, -e 3/A1.2
Wunsch, der, "-e 5/A2.4a
wünschen 5/A2.4a
Würfelspiel, das, -e 1/C7
Wurst, die, "-e 5/D2
Würstchen, das, - 5/C3a
Wüste, die, -n 11/klar3

Z

Zahl, die, -en 2/C1
zahlen 5/E5
zählen 2/C1.2

Zahlenreihe, die, -n 2/klar7
Zahn, der, "-e 6/A1.4
Zahnarzt/-ärztin, der/die, "-e/-nen 3/A1.1
zeichnen 2/B3.6
Zeichnung, die, -en 2/C1.1
zeigen 10/B1.3
Zeit, die, -en 2/C2.3
Zeitung, die, -en 4/A3.1a
Zentralheizung, die, -en 3/A2.1
Ziel, das, -e 7/E1
Ziffer, die, -n 2/C3.1
Zimmer, das, - 2/B1.2
Zoo, der, -s 4/D2.1

zu 1/klar1
zu dritt 5/E4
zu Fuß gehen, zu Fuß gegangen 7/A1a
zu Haus(e), (*auch:* zuhause)
zu zweit 10/A2.5
Zucker, der, * 3/C2
zuerst 4/D2.3
zufrieden 11/A3.1
Zug, der, "-e 4/D1.3
Zugbegleiter, der, - 11/E
zuhören 0/A1
zuletzt 4/D2.3
zum (= zu dem) 6/C1.1
zumachen 6/B2.3

zuordnen 0/C1b
zurück 5/B2a
zurückfahren, zurückgefahren 4/A3.1a
zurückkommen, zurückgekommen 9/B1
zurückrufen, zurückgerufen 8/B3
zurückschauen 12/klar
zusammen 2/C2.3
zusteigen, zugestiegen 11/E2a
zweimal 4/A3.3
Zwiebel, die, -n 5/A1.1b
zwischen 7/B3a

Liste der unregelmäßigen Verben

Die Liste enthält alle unregelmäßigen Verben aus *Pluspunkt 1a* und *1b*.
Die meisten der trennbaren Verben finden Sie unter der Grundform.
Beispiel: aufstehen → stehen   ausschlafen → schlafen

Infinitiv	*Präsens*	*Perfekt*
abbiegen	er biegt ab	er ist abgebogen
abwaschen	er wäscht ab	er hat abgewaschen
anrufen	er ruft an	er hat angerufen
anziehen	er zieht an	er hat angezogen
auffallen	es fällt auf	es ist aufgefallen
ausfallen	er fällt aus	er ist ausgefallen
backen	er bäckt	er hat gebacken
beginnen	er beginnt	er hat begonnen
bekommen	er bekommt	er hat bekommen
beschreiben	er beschreibt	er hat beschrieben
biegen	der Lkw biegt um die Ecke	der Lkw ist um die Ecke gebogen
bitten	er bittet	er hat gebeten
bleiben	er bleibt	er ist geblieben
bringen	er bringt	er hat gebracht
dürfen	ich darf	
	du darfst	
	er, sie, es darf	er hat gedurft
	wir dürfen	
	ihr dürft	
	sie dürfen	
einladen	er lädt ein	er hat eingeladen
entscheiden	er entscheidet	er hat entschieden
erfinden	er erfindet	er hat erfunden
essen	er isst	er hat gegessen
fahren	er fährt	er ist gefahren
fangen	er fängt	er hat gefangen
finden	er findet	er hat gefunden
geben	er gibt	er hat gegeben
gefallen	ihm gefällt	ihm hat gefallen
gehen	er geht	er ist gegangen
gelten	es gilt	es hat gegolten
gewinnen	er gewinnt	er hat gewonnen

Infinitiv	Präsens	Perfekt
haben	ich habe	
	du hast	
	er, sie, es hat	er hat gehabt
	wir haben	
	ihr habt	
	sie haben	
halten	er hält	er hat gehalten
heiraten	er heiratet	er hat geheiratet
		er ist **ver**heiratet
heißen	er heißt	er hat geheißen
helfen	er hilft	er hat geholfen
interviewen	er interviewt	er hat interviewt
kennen	er kennt	er hat gekannt
klingen	es klingt	es hat geklungen
kommen	er kommt	er ist gekommen
können	ich kann	
	du kannst	
	er, sie, es kann	er hat gekonnt
	wir können	
	ihr könnt	
	sie können	
laufen	er läuft	er ist gelaufen
leihen	er leiht	er hat geliehen
lesen	er liest	er hat gelesen
liegen	er liegt	er hat gelegen
messen	er misst	er hat gemessen
mögen	ich mag/möchte	
	du magst/möchtest	
	er, sie, es mag/möchte	er hat gemocht
	wir mögen/möchten	
	ihr mögt/möchtet	
	sie mögen/möchten	
müssen	ich muss	
	du musst	
	er, sie, es muss	er hat gemusst
	wir müssen	
	ihr müsst	
	sie müssen	
nehmen	er nimmt	er hat genommen
nennen	er nennt	er hat genannt

Infinitiv	Präsens	Perfekt
reiten	er reitet	er ist geritten
riechen	er riecht	er hat gerochen
scheinen	die Sonne scheint	die Sonne hat geschienen
schlafen	er schläft	er hat geschlafen
schließen	er schließt	er hat geschlossen
schneiden	er schneidet	er hat geschnitten
schreiben	er schreibt	er hat geschrieben
schreien	er schreit	er hat geschrie(e)n
schwimmen	er schwimmt	er ist geschwommen
sehen	er sieht	er hat gesehen
sein	ich bin	
	du bist	
	er, sie, es ist	er ist gewesen
	wir sind	
	ihr seid	
	sie sind	
sitzen	er sitzt	er hat gesessen
sollen	ich soll	
	du sollst	
	er, sie, es soll	er hat gesollt
	wir sollen	
	ihr sollt	
	sie sollen	
sprechen	er spricht	er hat gesprochen
stehen	er steht	er hat gestanden
steigen	er steigt	er ist gestiegen
sterben	er stirbt	er ist gestorben
tragen	er trägt	er hat getragen
treffen	er trifft	er hat getroffen
treiben	er treibt Sport	er hat Sport getrieben
trinken	er trinkt	er hat getrunken
tun	er tut	er hat getan
übertreiben	er übertreibt	er hat übertrieben
umziehen	er zieht um	er ist umgezogen
unterstreichen	er unterstreicht	er hat unterstrichen
verbinden	er verbindet	er hat verbunden
vergessen	er vergisst	er hat vergessen
vergleichen	er vergleicht	er hat verglichen
verlieren	er verliert	er hat verloren
verstehen	er versteht	er hat verstanden

Infinitiv	Präsens	Perfekt
vorschlagen	er schlägt vor	er hat vorgeschlagen
werden	ich werde	
	du wirst	
	er, sie, es wird	er ist geworden
	wir werden	
	ihr werdet	
	sie werden	
wissen	ich weiß	
	du weißt	
	er/sie/es weiß	er hat gewusst
	wir wissen	
	ihr wisst	
	sie wissen	
wollen	ich will	
	du willst	
	er, sie, es will	er hat gewollt
	wir wollen	
	ihr wollt	
	sie wollen	
zurückrufen	er ruft zurück	er hat zurückgerufen

Hörtexte

Hier finden Sie alle Hörtexte, die nicht oder nicht vollständig im Buch abgedruckt sind.

Lektion 7 — Meine Wege durch die Stadt

A 3 Mein Name ist Thomas Hoppe. Ich wohne in München und bin Tischler. Ich fahre immer mit dem Auto zur Arbeit. Morgens stehe ich leider oft im Stau und brauche eine halbe Stunde, abends brauche ich zwanzig Minuten. Während der Fahrt höre ich gerne Radio, manchmal auch eine CD mit meiner Lieblingsmusik.

Ich heiße Anja Sander und bin Sekretärin. Ich wohne in Göttingen und arbeite in Hannover. Zur Arbeit fahre ich erst mit dem Fahrrad zum Bahnhof und dann mit dem Zug und brauche ungefähr 50 Minuten. Im Zug lese ich gern Zeitung oder ein Buch, manchmal schlafe ich aber auch noch ein bisschen.

D 6 Text 1: Sie stehen am Berliner Dom.
+ Gehen Sie die Karl-Liebknecht-Straße geradeaus bis zur Spandauer Straße. Biegen Sie nach rechts ab und gehen Sie bis zur Kreuzung. Dort sehen Sie dann …

Text 2: Sie sind an der Staatsoper.
+ Gehen Sie hier die Straße Unter den Linden immer geradeaus. Überqueren Sie die Friedrichstraße und die Wilhelmstraße. Am Brandenburger Tor gehen Sie die erste Straße rechts. Direkt vor Ihnen ist …

Text 3: Am U-Bahnhof Kochstraße
+ Gehen Sie die Friedrichstraße geradeaus bis zur Leipziger Straße. Dann nach links und immer geradeaus. Sie kommen direkt auf den …

F 1
Nico: Nico Schneider.
Klaus: Hallo, Nico. Hier ist Klaus. Wie geht's?
Nico: Ganz gut, danke. Und dir?
Klaus: Auch gut. Du, wir machen am Samstagabend ab 20 Uhr eine Einweihungsparty.
Nico: Hey, klasse! Wo wohnt ihr denn jetzt?
Klaus: Also, die Adresse ist Steinstraße 3 in 10119 Berlin.
Nico: Moment, Steinstraße 3 in 10119 Berlin. Habt ihr schon Telefon?
Klaus: Nein, ich ruf dich übers Handy an. Das Telefon kommt erst in ein paar Wochen. Ich schicke dir die Einladung später per E-Mail. Du kannst gern deine Freundin mitbringen.
Nico: Prima, mache ich. Dann bis Samstag!
Klaus: Bis dann. Tschüss.
Nico: Tschüss.

Lektion 8 — Ämter und Behörden

B 1 Ansage 1:

Hier ist die Praxis von Frau Dr. Brodsky. Sie rufen leider außerhalb unserer Sprechzeiten an. Diese sind am Montag, Dienstag, Donnerstag und Freitag von 8 Uhr bis 12 Uhr und von 14 Uhr bis 18 Uhr. Am Mittwoch von 8 Uhr bis 13.30 Uhr. Vielen Dank für Ihren Anruf.

Ansage 2:

+ Auskunft der Telekom. Platz Nummer 23. Was kann ich für Sie tun?
− Guten Tag. Ich brauche die Telefonnummer von Frau Andrea Dunkel in 10961 Berlin.
+ Einen Moment, bitte. Die Vorwahl ist 030. Die Rufnummer ist 62 73 66 65.

Ansage 3:

Herr Yildirim. Gehen Sie bitte in das Zimmer 255. Herr Yildirim, bitte ins Zimmer 255.

Ansage 4:

Bitte steigen Sie aus, der Zug endet hier. Wegen dringender Bauarbeiten ist der Zugverkehr unterbrochen. Für die Weiterfahrt nach Blankenburg nehmen Sie bitte den Bus. Vielen Dank!

Ansage 5:

Achtung, eine Durchsage für den Fahrer des Wagens B DR 1978. Ihr Auto steht vor einer Einfahrt. Der Fahrer des Wagens B DR 1978 möchte bitte sein Auto wegfahren.

Ansage 6:

Ja, hallo. Hier spricht Herr Patzek. Ich bin der Mathematiklehrer von Mahmud. Ich möchte Sie bitten, zu unserem Elternsprechtag am nächsten Mittwoch zu kommen. Mahmud … also … wir müssen über Mahmuds Noten sprechen. Vielen Dank. Auf Wiederhören.

D2 2

Frau Müller: Müller, Wohnungsamt Berlin Kreuzberg.
Ahmed Yildirim: Guten Tag, mein Name ist Ahmed Yildirim. Ich möchte Wohngeld beantragen.
Frau Müller: In welcher Straße wohnen Sie?
Ahmed Yildirim: In der Naumannstraße 11.
Frau Müller: Moment – ich verbinde.
Herr Schmidt: Schmidt. Wohnungsamt Berlin Kreuzberg.
Ahmed Yildirim: Guten Tag, mein Name ist Yildirim, Ahmed Yildirim. Ich möchte Wohngeld beantragen.
Herr Schmidt: Ist das Ihr erster Antrag?
Ahmed Yildirim: Ja.
Herr Schmidt: Gut, wo wohnen Sie?
Ahmed Yildirim: Naumannstraße 11, in 10961 Berlin. Ich …
Herr Schmidt: Ja, dann sind Sie bei mir richtig. Mal sehen … Kommen Sie am Dienstag, den 28.04. um 9.45 Uhr. Denken Sie bitte an Ihre Unterlagen.
Ahmed Yildirim: Äh – Moment, Dienstag, den, … wann bitte?
Herr Schmidt: Den 28. 04, um 9.45 Uhr.

Ahmed Yildirim: Gut, und die Unterlagen. Was muss ich denn mitbringen?
Herr Schmidt: Nun, Ihren Ausweis natürlich oder Ihren Pass, aber dann brauche ich auch die polizeiliche Anmeldung, wegen der Adresse. Ganz wichtig ist eine Verdienstbescheinigung.
Ahmed Yildirim: … aber ich bin arbeitslos.
Herr Schmidt: Dann den Bescheid vom Arbeitsamt. Und natürlich Ihren Mietvertrag.
Ahmed Yildirim: Gut, meinen Pass und die polizeiliche Anmeldung, den Bescheid vom Arbeitsamt, den Mietvertrag. Ja, ich habe alles. Danke und auf Wiederhören – ach nein, warten Sie. Wo muss ich denn überhaupt hin?
Herr Schmidt: Direkt zu mir: Herr Schmidt, in Zimmer 455.
Ahmed Yildirim: Zimmer 455, danke. Auf Wiederhören.

2 a)

– Entschuldigung, ich möchte …
+ Können Sie bitte noch etwas warten?
– Kein Problem. Ich warte vor der Tür.
+ Jetzt sind Sie dran. Was kann ich für Sie tun?
– Ich möchte Wohngeld beantragen.
+ Gut, zuerst müssen Sie dieses Formular ausfüllen.
– Können Sie mir helfen?
+ Ja natürlich, fangen wir an. Wie ist Ihr Name?
– Yildirim.
+ Vorname?
– Ahmed.
+ Wie ist Ihr Familienstand: ledig, verheiratet oder geschieden?
– Ich bin verheiratet und habe ein Kind.
+ Wie ist Ihre Adresse?
– Naumannstraße 11, in 10961 Berlin.

Lektion 9 Gestern und heute

2 b)

Am Samstag war ich um 9 Uhr beim Friseur. Um 11 Uhr war ich auf dem Markt und habe Obst, Gemüse und Blumen gekauft. Die Kinder waren bei den Großeltern. Abends war ich mit Matthias im Kino. Am Sonntag war ich morgens im Schwimmbad. Nachmittags war ich bei dem Geburtstag von Hassan.

Lektion 10 Im Kaufhaus

A1 3

Frau Brodsky: Sergej, sieh mal! So eine Bluse suche ich schon lange.
Herr Brodsky: Die gelbe? Sie kostet „nur" noch 30 Euro. Das ist nicht besonders billig.
Frau Brodsky: Also, ich finde, das ist ok. Hm, ich brauche auch noch einen Rock für die Arbeit. Wie gefällt dir der rote da?
Herr Brodsky: Die Farbe gefällt mir nicht, aber sie haben sicher noch andere. Ich brauche einen Pullover. Abends ist es jetzt schon ganz schön kalt. Und mein Mantel ist auch schon sehr alt.
Frau Brodsky: Komm, wir gehen mal rein!

B1 1

Karin: Ich bin Studentin und habe nicht viel Geld. Ich kaufe meine Sachen immer in Second-Hand-Läden. Das ist billig und die Kleidung ist oft originell.

Ursula: Ich habe drei Kinder und die brauchen ständig etwas Neues. Bei uns gibt es einen Flohmarkt für Kindersachen. Dort finde ich oft Sachen in guter Qualität für wenig Geld.

Thomas: Ich gehe nicht gern einkaufen. Außerdem habe ich wenig Zeit. Deshalb bestelle ich meine Kleidung aus dem Katalog, manchmal bestelle ich auch im Internet. Wenn mir die Sachen nicht gefallen oder nicht passen, kann ich sie zurückschicken.

Irma: Kleidung ist ganz schön teuer. Ich achte auf Sonderangebote und wenn Sommer- oder Winterschlussverkauf ist, bin ich dabei. Ich habe schon tolle Schnäppchen gemacht!

C 2 a)

Dialog 1:
– Entschuldigung, können Sie mir helfen?
+ Ja, was kann ich für Sie tun?
– Ich möchte die Bluse anprobieren und suche die Umkleidekabinen.
+ Die Umkleidekabinen finden Sie dort hinten rechts.
– Danke.

Dialog 2:
– Kann ich Ihnen helfen?
+ Ja, vielleicht. Die Schuhe hier sind in Größe 6. Ist das Größe 38?
– Nein, das ist 39.
+ Ich habe eigentlich 38. Haben Sie die Schuhe auch in 38?
– Moment … Hier, Größe 38. Die gleiche Farbe?
+ Genau! Die gleiche Farbe. Danke schön.

Lektion 11 — In Deutschland unterwegs

A1 5
… und hier das Wetter: Bis heute Abend ist es meist bewölkt. Vereinzelt kommt es zu starken Regenfällen. Abends ist es im Westen und Süden wieder sonnig. Im Norden und Osten regnet es und es bleibt windig. Die Höchsttemperaturen liegen tagsüber im Süden bei 28, im Norden bei 22 Grad Celsius. Die weiteren Aussichten: Am Mittwoch und Donnerstag überwiegend bewölkt. Die Temperaturen gehen auf etwa 20 Grad zurück.

E 1 b)
Willkommen in der Messestadt Hannover. Es ist eingefahren der ICE 9210 aus Hamburg zur Weiterfahrt nach Stuttgart über Göttingen, Kassel, Frankfurt, Mannheim. Planmäßige Abfahrt um 6.39 Uhr.

Lektion 12 — Zusammen leben

B 5
Renate: … Warum kommen Sie nicht einfach mit?
Kouma: Das ist eine gute Idee. Aber leider habe ich morgen keine Zeit. Können Sie mir vielleicht die Telefonnummer geben? Dann kann ich einen Termin machen.
Renate: Natürlich, aber ich habe die Nummer zu Hause. Oh – es fängt an zu regnen! Wollen Sie nicht mit zu mir kommen? Ich gebe Ihnen die Nummer, die Kinder spielen zusammen und ich mache uns einen Kaffee.
Kouma: Wenn Sie wirklich Zeit haben … – sehr gerne!
Renate: Na klar. Nina, Niiinaa …

Bildquellen

© Berliner Zeitung, Wetterkarte vom 24.03.2003, S. 70 – © Cornelsen, Apitz, S. 74 (unten, links); Corel Library, S. 40 (links), S. 42 (Mitte), S. 51 (Mitte), S. 60 (oben, links), S. 60 (oben, rechts), S. 60 (Mitte, links), S. 60 (Mitte, rechts), S. 65 (oben, links), S. 65 (oben, Mitte), S. 65 (oben, rechts), S. 65 (Mitte, links), S. 66, S. 81 (Mitte, rechts), S. 51; Homberg, S. 10 (Mitte, links); Kämpf, S. 10 (oben, rechts; Mitte; unten, rechts), S. 46 (oben); Lücking, S. 10 (oben, links), S. 25; Schulz, S. 10 (oben, Mitte; Mitte, rechts; unten, links), S. 11 (oben, links), S. 12, S. 15 (oben, links; oben, Mitte; Mitte), S. 17 (oben), S. 18 (oben, links; oben, rechts), S. 22, S. 23, S. 24 (oben, Mitte; oben, rechts; unten, links; unten, rechts), S. 26, S. 42 (oben, links), S. 46 (oben), S. 52 (unten), S. 72, S. 74 (Mitte; Mitte, links; Mitte, rechts; unten, rechts), S. 80 (unten) – © Deutsche Bahn, Reiseplan, ICE 543, S. 69, Streckennetz ICE 2003, S. 68 – © Deutsche Post GmbH, S. 19 – © dpa, S. 47 (unten, links), S. 52 (links), S. 56 (rechts), S. 65 (Mitte), S. 65 (unten, links), S. 66 (unten), S. 66 (oben, rechts), S. 66 (Mitte), S. 67, S. 81 (oben, Mitte), S. 81 (oben, rechts), S. 81 (Mitte), S. 74 (oben) – f1 Online: © Dieterich, S. 66 (Mitte); © Stenson, S. 43 (rechts); © Uselmann, S. 64; – © Falk Stadtplan, S. 46 (oben, rechts) – Fotex: © Wandmacher, S. 52 (Mitte) – © Fotopress/IVB, S. 80 (oben) – Interfoto: © Gläser, S. 81 (Mitte, links) – © iPublish GmbH, S. 16 – © Krüger, S. 40 (oben, rechts) – laif: © Kruell, S. 42 (oben, links) – Mauritius: © Filser, S. 15 (links); Harkenberg, S. 15 (oben, Mitte), S. 9 (Mitte, rechts); © O'Brien, S. 8 (Mitte, unten); © Pega (Mitte, links); Rossenbach, S. 15 (rechts, Mitte), S. 15 (rechts); © Starfoto, S. 8 (oben rechts); © Tiek, S. 8 (Mitte, rechts) – Nordlicht Bildagentur & Fotopresse: © Interfoto, S. 19 (unten) – © Novastock/f1 Online, S. 43 (links) – © Partner für Berlin/FTB Werbefotografie, S. 17 (unten, Mitte) – Presse- und Informationsamt des Landes Berlin: © Gerling, S. 17 (unten, rechts); © Thie, S. 17 (unten, links), S. 17 (unten, Mitte) – © Riethmüller/Schuster/f1 Online, S. 43 (Mitte, rechts) – Schapowalow: © Connet, S. 65 (Mitte, rechts); © Gessler, S. 8 (unten); © Mader, S. 15 (oben, rechts); © Pelka, S. 9 (links) – © Ullstein: S. 32; Ullstein: © Bach, S. 81 (oben, links); © Hartmann, S. 65 (unten, rechts); © Mangold, S. 66 (oben, links); © Müller-Steuffenberg, S. 65 (unten, Mitte); © Neuhauser, S. 56 (links); © Oed, S. 42 (unten) – Visum: © Fragasso, S. 59 – © Zierhut/f1 Online, S. 43 (links, Mitte).

Nicht alle Copyrightinhaber konnten ermittelt werden; deren Urheberrechte werden hiermit vorsorglich und ausdrücklich anerkannt.